OUVRAGES DU MÊME AUTEUR :

L'Amérique Equatoriale.

Grammaire et Dictionnaire français-kichua.

Découverte de la Langue primitive encore vivante et des Limites du Paradis-terrestre.

Voyages triennaux des flottes d'Hiram et de Salomon, reproduits dans le présent ouvrage « Les Phéniciens a l'Ile d'Haïti, etc. »

AF474040

LES PHÉNICIENS

A

L'ILE D'HAÏTI

ET SUR

LE CONTINENT AMÉRICAIN

LES VAISSEAUX D'HIRAM ET DE SALOMON

AU FLEUVE DES AMAZONES

(OPHIR, TARSCHICH, PARVAÏM)

PAR

le Vicomte ONFFROY DE THORON

(DON ENRIQUE)

ANCIEN ÉMIR DU LIBAN (1840)

PHILOLOGUE

HISTORIOGRAPHE DE L'AMÉRIQUE

1887-1889

LOUVAIN

IMPRIMERIE DE CHARLES PEETERS, LIBRAIRE-ÉDITEUR

22, RUE DE NAMUR, 22

—

PARIS, CHEZ L'AUTEUR, 83, AVENUE DE LA GRANDE ARMÉE

ET CHEZ TOUS LES LIBRAIRES

—

1889

A Son Excellence Monsieur Ramon Fernandez

ENVOYÉ EXTAORDINAIRE ET MINISTRE PLÉNIPOTENTIAIRE DU MEXIQUE.

Monsieur le Ministre,

En faisant à Votre Excellence la dédicace de mon œuvre « *Les Phéniciens à l'île d'Haïti et sur le Continent américain,* » j'accomplis un devoir bien naturel; puisque V. E. est, en France, le Représentant de la République du Mexique, le plus important des États de la partie centrale du Nouveau-Monde. En apportant les preuves que ce grand continent, particulièrement le Mexique, eurent dans l'antiquité des colonies phéniciennes, je jette sur l'histoire ancienne de votre pays un jour tout nouveau, avec la conviction, que si les historiens de l'Amérique adoptaient la méthode que je mets en pratique, ils feraient dissiper les ténèbres qui enveloppent encore les traditions et les origines des migrations orientales qui, depuis les temps préhistoriques jusque dans le Moyen-âge, se sont succédées à travers l'Atlantique. L'étude de la langue hébraïque, qui est la même que la cananéenne ou phénicienne, m'a permis de constater, par des preuves nombreuses, les conquêtes des phéniciens et de leurs descendants à l'île d'Haïti et au Mexique. Mais j'ai l'honneur de dire à V. E., que mes recherches ont toujours eu pour point de départ *les traditions* et que c'est par la linguistique que je les ai confirmées.

En publiant mon livre en l'absence de V. E., qui est au Mexique, j'ai seul la responsabilité de son contenu. Je l'ai écrit avec la conviction. que les Études américaines exigent la lutte contre les anti-américanistes de parti pris, la lutte de la vérité contre l'erreur des fausses théories et des mythes, la lutte du progrès contre la résistance et la malveillance : c'est, en un mot, la lutte entre la lumière et les ténèbres. Je prie donc V. E., qui aime tout ce qui sert à l'illustration de sa Patrie, d'être indulgent pour les défauts de mon œuvre et de n'y considérer que le but que je me suis proposé, par le développement des preuves historiques et scientifiques qui font sa force.

J'ai l'honneur d'être, Monsieur le Ministre, de Votre Excellence le très respectueux et dévoué serviteur.

Vte Onffroy de Thoron.

AVANT-PROPOS.

Le savant Brasseur de Bourbourg, dont la vie fut trop courte pour le progrès des sciences américaines, a fait de nombreuses recherches et des ouvrages remarquables sur le Mexique ancien; entre autres, il publia un volume ayant pour titre : « *Quatre lettres sur le Mexique.* » On y lit à la page 367... « Vous aurez l'Océan Atlantique devant vous. Ne craignez rien. Traversez-le avec M. Onffroy de Thoron. » Ce savant avait pressenti que mes explorations sur le continent américain produiraient des résultats heureux au point de vue de la linguistique, de l'histoire et de la géographie du Nouveau-Monde. En effet, dans un écrit publié à Genève en 1869, sous les auspices de la Société géographique de cette ville, j'attirai l'attention des savants par ma découverte des « Voyages triennaux des flottes de Salomon et d'Hiram au fleuve des Amazones » et dont tous les marins étaient phéniciens. Là se trouvent les régions d'Ophir, de Tarschich et de Parvaïm; et les Phéniciens en tirèrent de grandes richesses. Il n'existe aujourd'hui aucun exemplaire de cette intéressante publication et, comme elle est très demandée, il y aura lieu d'en faire une réédition qui sera considérablement augmentée et améliorée, par suite de documents nouveaux et d'investigations faites dans mon dernier voyage au fleuve des Amazones qui, avant sa conquête par les Portugais, portait le nom de Soliman (Salomon).

Ma seconde découverte : celle de « la Langue primitive » qui, sous le nom de Kichua, est encore parlée dans l'Amérique du Sud, est le fait le plus extraordinaire et inattendu qui se soit produit dans la linguistique et l'histoire, ainsi que le prouvent mes démonstrations claires et précises, qui, comme un coup de massue porté à l'enseignement et à la science des Michel Bréal, des Oppert et des Renan les ont étendus inertes et muets. Dans la même année (1886), j'ai publié ma « Grammaire et mon Dictionnaire Français-Kichua. » Cette langue Kichua et l'hébraïque, qui lui est très postérieure, sont celles qui facilitèrent mes premières découvertes aux Amazones et plusieurs autres ensuite.

L'œuvre que je publie présentement et terminée en 1887, sous le titre «*Les Phéniciens à l'île d'Haïti et sur le continent américain*,» fait connaître ma troisième découverte historique. Ce travail sera comme une préface de l'histoire ancienne de l'Amérique. A ces trois découvertes principales, si Dieu prolonge ma vieillesse, j'espère pouvoir en ajouter d'autres qui en sont la conséquence. Aux études américaines entreprises isolément par divers savants, j'apporte donc de nouveaux éléments de vie et l'ensemble de tous nos travaux pourra former bientôt un brillant faisceau historique tout à la gloire du Nouveau-Monde. Aussi, mes émules et moi, devons-nous espérer le bienveillant concours, l'appui même, des gens éclairés, particulièrement de ceux de l'Amérique, qui portent un intérêt patriotique au développement des Études américaines, comme à tout ce qui marche dans la voie du progrès.

La formation d'un *Comité central d'initiative* pour les recherches historiques est d'autant plus désirable, qu'il y a nécessité de réagir contre l'esprit hostile des anti-américanistes et contre le parti pris de certains professeurs réputés pour savants, au Collège de France même (Inscriptions (1)), de rejeter *a priori* et sans examen les documents de l'antiquité américaine, dédaignant les sources de lumières nouvelles, que le véritable savant accueille avec satisfaction, dans l'intérêt de la science. Mais, à côté de celui-ci, il y a le routinier rétrograde, le vaniteux, qui craint toute supériorité à la sienne ; ajoutant la fraude déloyale à l'injustice, il s'efforce de mettre *sous le boisseau* les œuvres lumineuses qui l'offusquent ou celles qui sont la critique de son enseignement. Mais le boisseau a des fissures d'où s'échappe la lumière : celle qui se lève et brille à l'Occident : *e vespere vera lux.*

Notre première pensée était de nous en tenir aux preuves des Phéniciens à l'île d'Haïti, mais nous reconnûmes bientôt la nécessité de constater d'abord le passage de ce peuple au continent américain, à cause de certains détails que nos lecteurs verront dans cet écrit et qui donnent plus de force à nos démonstrations en ce qui regarde Haïti ; c'est pourquoi nous avons interverti l'ordre naturel de l'histoire des migrations phéniciennes, en signalant brièvement celles qui se firent sur le continent américain, et en les faisant servir comme une sorte d'introduction à celles d'Haïti, premier point de concentration des Phéniciens et Carthaginois, qui marchaient sous la direction

(1) Appendice C.

de chefs, dont les noms et les exploits nous sont révélés par des documents antiques découverts au Mexique. Nous tenons en réserve, pour les publier plus tard, d'autres documents et des *inscriptions phéniciennes gravées*, que l'on a découvert et qu'on découvre encore dans le Nouveau-Monde. Nous constituons donc en réalité l'histoire ancienne de l'Amérique, en même temps que nous anéantissons les idées si fausses que nombre de gens se sont faites sur la navigation et les rapports qui ont existé entre les anciens peuples des deux hémisphères que sépare l'Océan Atlantique.

Ainsi que nous l'avons fait pressentir, nous démontrerons, quoique sommairement, que le Mexique, depuis l'époque la plus reculée, avait été partiellement colonisé par des émigrants cananéens ou phéniciens. Mais, il est certain qu'avant eux, il y existait des populations aborigènes avec lesquelles se sont successivement confondus les peuples qui venaient d'Orient. Nous nous sommes assurés que plusieurs langues américaines contiennent du phénicien ou hébreu, du sanscrit, du grec, du celte et de l'égyptien ancien. Pourtant le plus grand nombre des dialectes du Nouveau-Monde n'ont rien de commun avec les langues importées et leur origine reste inconnue. Il n'y a aujourd'hui aucune possibilité d'en réunir les éléments primordiaux : de là l'obligation de renfermer nos recherches dans les limites traditionnelles, verbales ou écrites, qui nous permettent d'esquisser l'histoire ancienne de l'Amérique et de ses îles. Cependant, on peut la faire remonter à une source lointaine, antédiluvienne même. C'est ce que j'ai déjà fait en 1869, en publiant à Genève un écrit sur l'*Antiquité de la navigation de l'Océan* et en prenant pour point de départ la narration de Platon, d'après Critias, son aïeul, qui avait étudié en Egypte.

Cette narration embrasse non seulement des détails nombreux sur la grande île Atlantide, qui fut engloutie dans le cataclysme diluvien ; mais encore, s'étendant sur la description de l'immense puissance maritime des Atlantes, Platon raconte la formidable invasion de ce peuple sur le sol Pélasgique avec une armée composée d'Atlantes et *de guerriers de la Grande Terre-ferme* (Amérique) soumise à leur domination. Cette invasion fut repoussée par les peuples qui habitaient alors le territoire qui, par la suite des temps, devint celui des Scythes, des Pélasges et des Grecs. La bataille décisive qui le délivra du joug des Atlantes, avant la submersion de l'Atlantide, eut lieu sur l'emplacement qu'Athènes occupe aujourd'hui. J'ajoute que ce fut en souvenir de cette mémorable victoire qu'Athènes eut le nom d'*Atina* devenu *Aténa ;* c'est une découverte qui m'est personnelle et que je dois à l'étude de la langue Kichua, du Pérou, laquelle est *la Langue primitive*, celle-là même qui se perdit à la dispersion de Babel. Or, en Kichua, le verbe *ati* est vaincre et *atin* a vaincu : d'où le substantif féminin *Atina* « la Victorieuse, » nom donné à la statue et à la ville d'Athènes ; c'est la même statue qui fut honorée sous le nom de Pallas, aussi du Kichua *Palla* « Vierge ou jeune Reine, » et que les Romains appelèrent Minerve. Puisque nous nommons les Romains, rappelons l'origine de la fondation de Rome, où, d'un coup de pierre, Romulus tua Remus : or, la pierre, en Kichua, est *roumi* et *romi ;* c'est l'origine vraisemblable du nom de la ville et de la déesse *Roma*. Roma rappelle à la fois l'homicide de Romulus et la pierre fondamentale de Rome ; son étymologie serait comme celle d'Athènes, due à la « Langue primitive, » et sur laquelle j'ai publié un ouvrage, contenant les preuves incontestables de l'existence d'une langue antédiluvienne que l'on croyait perdue et que j'ai retrouvée.

Mais, passons et revenons à Platon. Celui-ci, ayant donné la position géographique et l'étendue de l'Atlantide, dont le nom est resté à l'Océan, nous dit qu'en arrière de cette île existent de grandes et nombreuses îles (les Antilles) ; que derrière celles-ci est *La Grande Terre-ferme* (Amérique). Ce qui vient d'être désigné comme Terre-ferme, dit Critias, est *un vrai continent* d'une immense étendue ; et pour qu'on n'en puisse douter, Platon ajoute, que derrière cette Terre-ferme est *La Grande Mer*, que de nos jours nous appelons le *Grand-Océan*. Il résulte de ces traditions justifiées, que, bien des siècles avant les Phéniciens, les deux Océans et l'Amérique avaient été connus et fréquentés par les Atlantes et que les Égyptiens en savaient l'existence.

En ce qui concerne le Mexique et l'antiquité de sa population, on y trouve les débris déjà très rares des Aztèques, qui passent pour avoir été les ancêtres des autres peuples. Le nom d'*Aztèq* doit attirer notre attention ; car son étymologie est toute phénicienne, puisque 1° *az* ou *haz*, est le dérivé de חָזַז *hâzaz*, transpercer, percer avec la flèche : d'où חַץ *az* ou *hatz*, flèche ; 2° *teq*, du verbe תָּקַע *tâqa* et *tèqé*, blesser, frapper, enfoncer ou ficher la flèche en blessant. Ce petit tableau étymologique démontre suffisamment que *Azteq* est un nom d'origine cananéenne ; en second lieu, que ce peuple faisait usage de la flèche, soit pour sa subsistance soit pour la guerre ; et il est supposable que, par suite de leur genre de vie, les Aztèques étaient plutôt nomades que cultivateurs ; mais ils durent être les premiers cananéens qui arrivèrent en Amérique. Dans le premier chapitre qui suivra, nous ferons voir en suivant l'ordre des traditions, que les émigrations au Mexique étaient cananéennes ou phéniciennes ou carthaginoises, puisque c'est le même peuple ; mais au fur et à mesure qu'elles se rapprochent de l'ère chrétienne, il y a moins d'obscurité dans leur histoire et dans la marche des évènements qui se sont déroulés particulièrement dans l'Yucatan. Quoi qu'il en soit, sauf peut-être la langue tzendale, que je considère comme phénicienne, les autres dialectes phéniciens ont été absorbés par leur mélange avec ceux des nombreuses peuplades ou tribus aborigènes du Mexique, auxquelles s'alliaient les émigrés, qui subirent comme elles les lois fatales de la dispersion, causée par les invasions et les attaques successives des nouveaux envahisseurs venant du Nord ou, par mer, du côté de l'Est. Les émigrants venant du Nord, où ils avaient été privés du Soleil, s'affligeaient, dans leur marche, quand ils ne voyaient pas l'astre du jour se lever ni l'étoile du matin; mais dès qu'à l'aurore ils voyaient le soleil, ils dansaient devant lui.

On lit dans le *Popol Vuh*, livre sacré en langue Kiché (1) : « Ils tournaient leurs visages vers le ciel et ils ne savaient point » ce qu'ils étaient venus faire si loin. *Là-bas* vivaient heureux » les hommes noirs et les hommes blancs ; doux était le langage » de ces peuples et ils étaient forts et intelligents. Mais il y a » des pays sous le ciel et des hommes dont on ne voit point le » visage ; ils n'ont pas de maisons, et ils parcourent comme des » insensés les montagnes, insultant le pays de ces gens là. » Le livre sacré rappelle donc l'invasion des hébreux dans le pays des cananéens et indique la cause de leur expatriation ; et pour ne laisser aucun doute qu'il est question des orientaux, le livre sacré dit : « Ainsi parlaient *ceux de là-bas*, qui voyaient lever le soleil. »

(1) Le *Kiché* est mexicain et le *Kichua* est péruvien.

AVERTISSEMENT.

Dans notre œuvre : « La Langue primitive, » nous avons fait connaître qu'après 500 ans de captivité, les Juifs n'ayant plus une langue qui leur fut propre, adoptèrent la langue cananéenne, qui est la phénicienne : c'est celle que vulgairement on nomme hébraique. Ces descendants d'Héber n'avaient pas d'écriture et ils adoptèrent les caractères chaldéens, qu'aujourd'hui l'on nomme caractères hébreux. Plus de 600 ans avant l'avènement du christianisme, ils ne parlaient déjà plus le phénicien qui est l'hébreu ; c'est pourquoi la véritable prononciation de ses voyelles est inconnue. Mais notre découverte des Phéniciens à l'île d'Haïti et au Mexique avec une partie de leur langue, nous procure leur façon de prononcer peut-être plus exactement que la prononciation inventée par les Massorèthes de Tibériade au cinquième siècle de l'ère chrétienne et que les Samaritains rejetèrent. Malgré tout, dans notre écrit, nous avons reproduit la prononciation de la Massore, qui est celle des Dictionnaires hébreux, pour qu'on la puisse comparer avec celle d'Haïti. Quant aux consonnes du dialecte haïtien, elles sont plus douces que celles des livres hébreux et, généralement, la consonne finale d'un mot hébreu, surtout quand elle est aspirée ou dure, est supprimée dans le dialecte phénicien d'Haïti.

CHAPITRE I.

—

La Tradition.

Les antiques traditions verbales contiennent les premières données de l'histoire des nations ; elles ont précédé les traditions écrites et, comme celles-ci, elles se perpétuent à travers les âges ; elles rappellent, en général, les origines des peuples, les actions héroïques de leurs guerriers, et elles nous content des faits merveilleux qui touchent au surnaturel ou qu'elles mêlent à des fictions contraires à la raison ; elles nous transmettent, avec les souvenirs cosmogoniques, l'origine des divers cultes religieux ; elles nous font assister aux scènes lamentables et effrayantes des convulsions du Globe ; enfin, nous y trouvons les traces des migrations successives des populations, jusqu'au delà des mers lointaines : tout cela, comme on le voit, est d'un grand intérêt historique et géographique.

Mais, si aux faits légendaires d'un peuple se mêlent des fables ingénieuses, grossières ou ridicules, qui les entourent d'obscurité, le bon sens peut en faire justice en les écartant : nous voyons alors le champ d'investigation dans lequel il faut pénétrer pour découvrir la vérité. Cette investigation nous obligera toujours à l'examen du langage du peuple dont émane une tradition et, dès ce moment, au moyen de la philologie comparée, on suivra partout les traces de ce peuple ; à sa langue il suffit donc de rattacher quelque autre langue vivante ou morte, ayant une parenté évidente appuyée de nombreux exemples d'identité ou d'analogie, qui puissent justifier leur communauté d'origine. Par la philologie comparée, l'affinité du langage rend probable l'affinité de la race humaine, puisqu'on la suit dans toutes ses migrations, ses évolutions et transformations : c'est alors, qu'à son tour, l'ethnologie vient prendre rang auprès de la philologie et en confirmer les preuves ou les indications.

Que de problèmes historiques contiennent les écrits des Auteurs de l'antiquité ! On arrivera à les résoudre, si l'on veut tenir compte de leurs indications et chercher ce qu'il y a de vrai dans la tradition. Pour reconstituer l'histoire d'un peuple, il faut remonter à son origine barbare, si cela se peut ; car l'écriture et les inscriptions sont très postérieures à la tradition verbale ; c'est pourquoi celle-ci devra être envisagée avec toute la pénétration de la raison ; mais les résultats les plus importants seront obtenus au profit de l'histoire.

Quant à nous personnellement, nous devons plusieurs de nos découvertes historiques à notre méthode, qui consiste à prendre pour point de départ la tradition verbale ou écrite ; en cela, nous n'avons fait qu'imiter l'immortel Christophe Colomb, qui était fort érudit et qui connaissait, non seulement par des indications de plusieurs navigateurs, mais aussi *par la tradition*, l'existence du grand continent situé à l'Ouest de l'Atlantique et désigné par les narrateurs ou les écrivains de l'antiquité, qui se nomment Critias, Platon, Solon, Silène, Théopompe, Aristote, Cicéron, Strabon, Eratosthènes, Macrobe, Méla, Scylax, Ælianus, Pline, Statius Sebosus, Posidonius, Festus Avienus, Diodore de Sicile, Plutarque et Sylla, Senèque et d'autres encore. Parmi ces noms il y en a dont les écrits manquent et dont on n'a que des fragments ; mais leurs narrations sont rapportées par plusieurs des autres auteurs. Quoiqu'il en soit, Christophe Colomb avait certainement acquis la conviction qu'au delà de l'Océan, il aborderait un continent qui avait été connu dans les âges les plus reculés ; mais il dut sa gloire à avoir audacieusement entrepris de reprendre à travers l'Océan, la route perdue des navigateurs de l'antiquité. La tradition est donc d'une importance capitale pour celui qui se livre à des recherches historiques ; il y doit trouver les premières données pour ses études. C'est dans cette voie que nous marchons.

En effet, si nous suivons Christophe Colomb à l'île d'Haïti, au temps de sa découverte, nous y trouvons les traditions des Caraïbes insulaires : ils racontaient aux missionnaires espagnols, qu'anciennement un peuple venu par mer du côté de l'Est, avait pris possession de l'île ; mais que postérieurement, une armée de Caraïbes venue de la Terre-ferme, massacra les premiers possesseurs d'Haïti, à la réserve des femmes qui furent épargnées. Il y a là une double tradition historique : celle *d'un peuple venu de l'Orient* et celle *des femmes échappées au massacre*. Or, les missionnaires espagnols supposaient que ces navigateurs venus très anciennement de l'Est, ne pouvaient être que des Phéniciens ou des Carthaginois ; mais ils ne firent aucune recherche pour établir leur opinion et, jusqu'à ce jour, personne n'a eu la pensée d'examiner cette tradition ; car, nous pourrions nommer jusqu'à des américanistes, qui regardent comme chimérique, non seulement l'origine, mais aussi l'émigration phénicienne ou carthaginoise dans l'Amérique ou dans ses îles. L'origine des premiers Haïtiens méritait pourtant des recherches et, c'est pour les faire sérieusement que je me suis emparé des traditions verbales des caraïbes. Considérant surtout celle qui consiste en la préservation des femmes épargnées dans le massacre, « ces femmes, me suis-je dit, ont dû introduire leur langage dans celui des nouveaux conquérants. » Pour résoudre le problème de la double tradition des insulaires d'Haïti, il suffisait donc d'étudier un peu leur langue et d'y chercher si l'hébreu, qui est le phénicien, s'y trouvait mêlé. J'ai été naturellement conduit à lire les écrits des espagnols qui ont participé ou assisté à la découverte et aux conquêtes de l'Amérique ; j'ai dû ensuite consulter les narrations de leurs successeurs jusqu'à la prise de possession d'Haïti par la France, afin d'en retirer les termes de la langue caraïbe de cette île et qui est aussi connue sous le nom de *Taino*. Les œuvres de Fernando Colomb, de Petrus Martyr d'Anghiera, de Navarrete, de Barcia, de Gonz. Hernando de Oviedo y Valdes, de Herrera, de Ramusio, d'Acosta, de Lopez Gomara, de Nuñez de la Vega, de Gregorio Garcia, d'Ordoñez, de Cabrera, de Romain Pane, de Bezoni et, en dernier lieu, celles de Raymond Breton, de Robertson, de Jean Mocquet, de Charlevoix et de Carl Martius etc. m'ont passé sous les yeux ; de quelques uns de ces auteurs, ayant extrait les mots caraïbes qui s'y trouvent, j'ai pu les comparer à la langue hébraïque ou phénicienne. Mon succès a été complet, puisque le taino épuré du caraïbe vulgaire, est un dialecte phénicien, ainsi qu'on le verra dans mes démonstrations philologiques. Pour cette tâche si pénible, j'ai dû me contenter des rares documents que possèdent nos bibliothèques françaises. C'est donc *trois cent quatre vingt quinze ans* après la découverte des Antilles, *qu'il m'était réservé* de confirmer et d'affirmer ces traditions et d'entreprendre l'œuvre historique qu'aujourd'hui je livre à la publicité sous ce titre : « *Les Phéniciens à l'île d'Haïti et sur le continent américain.* » Je la livre aux méditations des érudits qui cherchent à reconstituer l'histoire des peuples de l'antiquité ; ils reconnaîtront qu'on ne doit pas *a priori*, rejeter sans examen, les traditions des sauvages mêmes et que l'on doit, d'où qu'elles viennent, en faire profit pour l'histoire.

Les colonies phéniciennes en Numidie et le long de la côte occidentale de l'Afrique, remontent à 1490 ans avant l'ère chrétienne : c'est vers cette époque que les Cananéens (Phéniciens) maltraités ou expulsés par Josué, s'embarquaient pour le littoral africain. Tanger fut un de leurs points de débarquement ; car Procope (Vandal. l. II) rapporte que de son temps (VIe siècle) on voyait encore près de cette ville deux stèles de pierre, dont les inscriptions gravées marquaient que là étaient les peuples que Josué, fils de Noun, avait fait fuir de leur pays. Salluste (guerres de Jugurtha) dit qu'il a tiré des archives des rois de Numidie le renseignement suivant : « Que les Phéniciens chassés de leur patrie, étaient venus établir des colonies sur les côtes d'Afrique où ils bâtirent des villes. » Leurs descendants les Carthaginois, fondèrent aussi plusieurs villes sur les rivages de la Lybie du côté de l'Océan ; et l'amiral carthaginois Hannon, 800 ans avant J.-C. embarqua sur soixante navires, trente-mille personnes des deux sexes, pour servir à la fondation de ces villes. Situées près de la mer, leurs populations, imitant leurs ancêtres les Phéniciens, durent aller s'établir aux Antilles et sur le continent américain ; car pendant les guerres puniques elles disparurent complètement de la côte africaine. Notre opinion trouve un appui dans les écrits du P. F. de Cabrera (de Guatemala) ; car il assure que les Carthaginois fondèrent en Amérique une colonie pendant la première guerre punique. D'après Ordoñez, les Tzéquils qui suivirent l'émigration des Shans, étaient de race carthaginoise. La fondation de Carthage par Didon, princesse tyrienne, avait eu lieu entre 984 et 884 ans avant l'ère chrétienne et l'Hercule phénicien, fils d'un égyptien, y avait participé (1). Pendant que l'amiral Hannon, en 880, explorait le Sud de l'Atlantique, Pythéas naviguait vers le Nord et aborda l'Islande, qu'alors on nommait Thulé.

Les Carthaginois devenus les maîtres de la mer, bloquèrent pendant trois siècles le détroit de Gadès (Cadix ou Gibraltar), pour empêcher les Grecs et les Tyrrhéniens de communiquer avec l'Océan et les terres de l'Ouest où ils se réservaient un asile assuré en cas de malheur de Carthage. Aristote (De mirab. auscult.) dit que le Sénat de Carthage décréta la peine

(1) Il y eut un autre Hercule des Grecs, et celui qui était l'auteur des lettres phrygiennes. Voir notre Appendice B.

de mort contre quiconque tenterait de naviguer vers le pays découvert au-delà de l'Atlantique par les Carthaginois.

Il est hors de doute que les Tyrrhéniens savaient l'existence de quelque terre à l'Ouest de l'Océan ; nous ne savons point s'ils tentèrent de s'y établir (1) ; mais il parait certain que les Grecs avaient en Amérique des établissements avant la fondation de Carthage : nous en avons le témoignage dans les récits en grec de Théopompe, reproduits en latin par Ælianus (hist. 3), et dans ceux du général romain Sylla (Plutarque) ; selon le premier, Hercule alla visiter les Grecs, chez les Maropas ; or, ceux-ci habitaient en face de la Lybie les territoires occupés aujourd'hui par les Brésiliens tandis que Sylla conduit ce même Hercule jusqu'à la mer hyperboréenne ou saturnienne, sur le continent cronien, où habitaient les Grecs ; il y en avait donc au Sud et au Nord de l'Amérique (2). Pendant le blocus du détroit qui dura trois-cents ans, les Grecs isolés au milieu des barbares ont disparu ; mais leur langue est restée mêlée à des langues américaines, ainsi que nous le constatons dans notre appendice. Le présent écrit étant spécialement consacré aux Phéniciens, nous avons voulu signaler, en passant, une *tradition grecque*, qui pourrait être utilisée pour éclaircir certains points de l'histoire primitive des Grecs et de l'origine de leurs divinités inconnue à Hésiode et à Homère. Mais disons tout de suite que la langue Kichua contient, avec leur valeur historique, les étymologies des principales divinités de la Grèce.

Quant aux Phéniciens, ils s'établirent d'abord à Haïti et, pour aller fonder des colonies ou des villes sur le continent américain, ils passaient par l'île de Cuba dont la pointe occidentale est fort rapprochée de la Terre-ferme. Le nom de *Cuba* קֻבָּה en hébreu ou phénicien, signifie « tente, abri ; » ce qui prouve que le séjour des émigrants n'y était que provisoire.

(1) Voir l'Appendice A.
(2) Voir l'Appendice B.

Les Carthaginois, à leur tour, suivirent les traces de leurs prédécesseurs ; à leur tête, nous signalons un certain chef et législateur Votan, dont on trouva au Mexique un manuscrit en langue dite tzendale et qui est un dialecte phénicien ; car צֵן *tsen*, c'est la cotte de mailles, le bouclier servant à protéger le corps ; puis l'on a צָעַן *tsan*, *migravit*, et דָחַל *dal* ou *dhal*, *timuit*, *fugit* : tsendal désignait donc des guerriers prudents et des émigrés timides et fuyards. Votan se dit descendant des Chivim ; il dit qu'il est de la race des serpents ; qu'il est serpent, parce qu'il est Chivim. En effet *chivim* a son homophone phénicien שְׁפִים *shiphim*, qui signifie serpent ; mais chivim est un autre homophone pluriel de חִוִי *chivi* ou *hivi*, qui est le peuple Chévéen ou Hévéen, cité dans la Bible (1) ; or, selon l'historien Petrus Martyr d'Anghiera, le peuple d'Haïti portait le nom de *Chivi* : Votan était de la même origine, puisqu'il se disait descendant des Chivim.

Le nom de Votan a aussi son homophone dans פֶּתֶן *photan* qui signifie serpent, comme *shiphim* : d'où il résulte que ce personnage est doublement serpent et que pour ce motif il a pour symbole écrit l'hiéroglyphe SS qui représente deux serpents déroulés et en marche ; car le serpent, dans sa course, a toujours la tête haute. L'hiéroglyphe qui symbolise la marche de Votan sur le vieux continent, correspond au Z phénicien et au *zain* hébreu ז, serpent déployé, ayant la tête haute (2). D'après les commentateurs espagnols, lorsque l'hiéroglyphe SS du manuscrit de Votan est couché ou horizontal comme ꟃ, il indique l'Amérique : c'est à dire le pays d'arrivée ou le but du voyage accompli. Mais remarquons qu'en hébreu ז (z) permute avec le samech ס (s) ; que celui-ci représente le serpent enroulé et au repos. Des observations qui précèdent, il résulte

(1) En hébreu la lettre ח est *kh*, *ch* ou *h* dur et voyelle aspirée.

(2) Philon nous enseigne que l'alphabet phénicien a été formé d'après les mouvements du serpent : on pourrait en dire autant de l'alphabet hébreu.

que ז correspond à S et que ס correspond à ∽ , ou זז : SS :: סס : ∽∽ . Les deux samech סָס, à leur tour, prononcés *sous*, signifient « cheval » : or, le cheval était l'emblême des Carthaginois. Le rapprochement symbolique de ces divers signes est notable et expressif ; car il indique que le chévéen Votan était un chef prépondérant chez les Carthaginois ; mais son nom véritable est resté caché sous un pseudonyme qui a la signification de serpent.

Votan raconte qu'il avait sous ses ordres dix-neuf autres chefs, qui dirigeaient les premiers émigrants, sous le nom de *Shan ;* or, en hébreu, תַּן *than* est l'égal de *Shan* (1) et ces deux termes signifient « serpent ; » cela fait voir que ces émigrants étaient aussi des sectateurs du serpent.

L'emploi des trois termes différents *shan*, *shivim* (shiphim) et *votan* (photan) qui sont synonimes, servait sans doute aux desseins du législateur mexicain.

Votan dit encore qu'il fit quatre voyages de Valoum Votan à Valoum Chivim et qu'en passant, il visita la demeure des treize serpents : c'est l'indication même d'Haïti, où il y a des cavernes dans lesquelles sont sculptées les images de serpents et il est même probable que dans la caverne sacrée, l'on entretenait vivants treize serpents. Ce nombre treize doit avoir une signification que nous ignorons ; mais ces serpents vivants et emblêmatiques devaient être entretenus avec soin, comme cela se voit encore aujourd'hui dans quelques cantons de la Suisse, où l'on entretient des animaux vivants qui servent d'emblêmes à ces divers cantons. M. Brasseur de Bourbourg dit que deux statues de bois portant chacune un serpent enroulé, furent offertes à Christophe Colomb, par les indigènes, lors de son second voyage aux Antilles.

Quant au premier point de départ de Votan pour se rendre de la Lybie aux Antilles et qu'il nomme *Valoum*, nous l'avons

(1) En hébr. les lettres *sh* et *th* permutent.

découvert sur une carte de Ptolémée : à l'est de Tanger, au détroit de Gibraltar, est une rivière nommée. *Valoun* (1) ; sans doute qu'auprès de son embouchure existait un port d'embarquement. En souvenir de ce pays, Votan fonda au Mexique la ville de Valoum Votan ; M. Brasseur de Bourgbourg dit qu'aux environs de Ciudad Réal de Chiapas, il a visité de grandes ruines qui portent le nom de Valoum-Votan ; tandis que Valoum Chivim était une colonie d'Hévéens ou Chévéens, de ceux mêmes qui habitaient Haïti, puisqu'au dire de Petrus Martyr d'Anghiera, le peuple était nommé *Chivi*.

En parlant des serpents et de leurs sectateurs, il nous revient à la mémoire l'existence des monuments symboliques représentant, en relief sur le sol le serpent, au nord de l'Afrique ; celui d'Abury en Angleterre et, en Amérique, celui de l'Ohio, près de la rivière de Brush-Creek (comté d'Adams) qui est fort significatif ; car il figure un immense serpent, en partie enroulé et en partie déroulé ; il est ondulant ; sa gueule ouverte est en train d'avaler une enceinte ovale, au centre de laquelle se voit un plus petit tumulus oblong isolé de l'enceinte. Selon notre manière de voir, les ondulations ou replis du corps du serpent, représentent le mouvement des vagues de l'Océan qui vont engloutir l'enceinte et l'île centrale qui sont oblongues. Ce monument pourrait être un souvenir emblématique de l'Atlantide engloutie par la mer, ainsi que de tout autre cataclysme. Les grandes révolutions géologiques des temps primitifs terrorisaient les peuples qui, pour les conjurer, adoraient le serpent devenu le symbole des convulsions ondulatoires du globe. Cela trouve son explication dans la puissance du serpent considéré comme l'arbitre des destinées du Monde : en effet, si nous lisons la cosmogonie indienne, nous y voyons que Bistnou

(1) La finale hébraïque ן *n*=ם *m*, comme שָׂטָן *satan*=שָׂטָם *satam*, adversaire; il en est de même des signes du pluriel, qui sont ים *im* et ין *in* à la fin des mots.

descend dans les abîmes et en tire Murto (la terre); celle-ci produisit un serpent et une tortue ; Bistnou mit alors le serpent sur le dos de la tortue et Murto (la terre) sur le dos du serpent : l'on comprend maintenant la terreur qu'inspirait le serpent, qui, supportant la terre, pouvait à son gré causer les cataclysmes terrestres et maritimes.

D'autre part, les éclypses du soleil causèrent toujours un grand effroi aux peuples primitifs, ignorants et superstitieux : cela se voit encore chez les sauvages d'Amérique et chez les canaques du grand Océan, qui croient que l'astre du jour est dévoré par un grand serpent. Le phénomène de l'éclypse fut donc aussi une des causes de l'adoration du serpent en même temps que du soleil : c'est pourquoi les cananéens adoraient le soleil sous la figure du serpent et les serpents eux-mêmes, comme le rapporte Vossius. Ainsi, Votan, d'origine cananéenne, n'est pas le créateur du culte du serpent préhistorique, qui doit remonter à quatre mille ans; mais il fut, dans son temps, un sectaire de l'antique tradition religieuse des peuples primitifs dont les monuments symboliques sont les souvenirs des convulsions, des destructions et des rénovations successives et reconstitutives du Globe. Les études géologiques confirment bien que notre planète a été plusieurs fois bouleversée. Dans les premières périodes de ces bouleversements la terre était inhabitable pour l'espèce humaine; mais les premières générations qui parurent, assistèrent à d'effroyables cataclysmes dont elles ont pu transmettre les traditions. Ces mêmes générations d'hommes des temps préhistoriques auraient été aussi les témoins d'étranges phénomènes astronomiques, météoriques ou atmosphériques tels que ceux des ténèbres à la place du jour. Les grands cataclysmes diluviens étaient accompagnés de ténèbres prolongées : ainsi, le déluge d'Ogygès eut une nuit de neuf mois. Au Mexique, on a la tradition d'une nuit de vingt-cinq années, pendant lesquelles le soleil ne paraissait que par intervalles et la terre y était alors couverte d'épaisses vapeurs.

Chez les Grecs il y eut un Jupiter des ténèbres et Xénophane, nous dit Plutarque, assurait que le soleil avait disparu pendant un mois entier. Dans les temps bibliques, ne voyons-nous pas que l'Egypte aurait été plongée dans les ténèbres pendant trois jours et que ce fut la neuvième plaie dont Moïse frappa les égyptiens? Ces ténèbres étaient si épaisses que l'on ne pouvait changer de place.

Le serpent, manifestant sa puissance effrayante, personnifia donc le soleil et la mer. Ce serpent devint le Typhon égyptien, le Python des Grecs, nom emprunté à l'hébreu ou phénicien *peten*, plur. *pitonim*, serpent, vipère. Chez tous les peuples indistinctement, le serpent personnifiait le Démon, la perversité, la destruction et on le regardait comme étant la cause de tous les maux qui affligent l'humanité. Typhon était l'ennemi d'Horus (le soleil) et lutta contre lui; mais Horus (le bon principe) vainquit Typhon (le mauvais principe) et le noya dans le lac de Sirbon. A cet égard, Plutarque, (dans Isis et Osiris), dit que la défaite de Typhon signifie la retraite des eaux et la réapparition des terres. Apollon, que l'on identifiait avec le soleil, tua le serpent Python; Ophion, le chef des démons (dans Lucien) et dont le nom grec signifie serpent, fut vaincu par Saturne qui chassa du ciel tous les démons. Enfin, selon les Chaldéens, d'après Plutarque, un temps viendra qu'Arimanius, auteur de la peste, de la famine et des autres maux, sera vaincu par Oromaze représentant le bon principe : c'est la doctrine que Zoroastre répandit dans la Perse. Dans la Genèse, Ève ayant été trompée par le serpent, Dieu le maudit et le condamna à manger de la terre tous les jours de sa vie; puis, Il lui dit que la femme sera son ennemie et lui brisera la tête. En Egypte, la verge d'Aaron se change en un serpent qui dévore aussitôt les serpents des magiciens égyptiens. Au temps de Bacchus, le serpent était encore un objet de terreur; car, Homère raconte que les Tyrrhéniens ayant voulu faire captif Bacchus qui était en mer, les mats, les antennes et les rames du vaisseau se changèrent en serpents et que les Tyrrhéniens épouvantés se jetèrent à la mer. Mais, avec le temps, l'image du serpent, loin d'inspirer de la terreur et d'être un génie malfaisant, devint un emblême d'un usage familier : car les Israélites eurent un serpent d'airain dont la vue seule guérissait la morsure des serpents. Mercure avait deux serpents à son caducée et le Tyrse de Bacchus était orné de serpents. Quant à Votan, qui nous a entraîné à des citations historiques ou mythologiques, il avoue lui-même dans son manuscrit qu'il n'est que le troisième Votan (*photan* serpent), mais le premier qui alla au Mexique pour y peupler les terres ; et il y aurait été l'organisateur du culte du serpent.

Lorsque Cortès débarqua au Mexique, les chroniqueurs indigènes disaient que, dans l'antiquité, était venu dans leur pays un peuple géant et robuste du nom de *Kinamé*. Ce nom a deux étymologies sémites : 1° קִין *kin*, cudit ferrum, il frappe de l'épée (1), יָנָה *inâ*, il opprime, fait violence, d'où le grec ἰνος (inos), muscle, force musculaire, et עַמִי *ami*, peuple, nation. Les Kinamés étaient donc un peuple robuste, redoutable et oppresseur ; 2° L'étymologie qui suit révèle peut-être l'origine de ce peuple : car, on a קֵינִי *Kéni*, nom du peuple Kénite ou Kinéen, (de race cananéenne), allié aux Madianites et vivant au milieu des Amalécites ; puis עַמִי *ami*, nation. D'après cette seconde étymologie les Kinamés étaient cananéens et leur antiquité ne peut aller au-delà de celle de ces derniers, qui remonte à 2300 avant J.-C. Saül, ayant le dessein de tailler en pièces les Amalécites, ordonna aux Kinéens de se séparer des Amalécites ; ils obéirent et, à cette occasion, ils furent épargnés. Or, Saül régnait vers l'an 1100 avant l'ère chrétienne. Les Kinamés durent faire une émigration entre cette époque et l'an 1000 ; mais il y a lieu de croire que leur première migration était bien plus ancienne ; car ils précédèrent au Mexique

(1) Le latin *ferrum* signifie arme quelconque, tout métal.

l'arrivée des Chichimèques. Ceux-ci vivaient du produit de la chasse, habitude qu'ils durent avoir contractée dans leur longue et pénible marche; car, ils venaient du Nord de l'Amérique, du *pays de l'ombre* où ils ne voyaient pas le soleil; ils avaient donc débarqué et vécu sous le ciel brumeux des terres boréales, et ils marchèrent vers le midi, pour y trouver un climat plus clément et attrayant, et la clarté du Soleil, qui leur rappelait l'Orient. Les narrations de Sahagun et de Torquemada se contredisent : car l'un représente les Chichimèques comme un peuple barbare, tandis que l'autre les montre comme ayant été les gens les plus civilisés de l'antiquité. Nous partageons absolument cette dernière opinion; parce qu'elle est conforme à l'étymologie phénicienne de *Chichimèq*, ou *Chichimeg*, qui est dans les termes חכים *chachim*, sapiens, magus, peritus; et מג *mag*, magus, potens. On voit que ces deux substantifs ont la même signification de sage, savant, habile et puissant : ce qui indique bien l'état de civilisation des Chichimèques. En outre, l'étymologie de leur nom indique qu'il s'agit d'une tribu asiatique : la qualité de *magus* et *potens*, est celle des sages et des hommes importants chez les Mèdes, les Perses, les Babyloniens, les Chaldéens et les Phéniciens. Cela nous reporte au temps de Salmanazar, roi des Assyriens, qui prit Samarie, mit en captivité dix tribus d'Israël et envoya en Judée des Babyloniens pour coloniser les terres et les villes qu'avaient possédées les Israélites : ces évènements s'accomplissaient 750 ans avant J.-C. L'intervalle entre les migrations des Kinamés et des Chichimèques aurait été de 250 ans environ. Plus tard ce fut Nabuchodonosor, 600 ans avant J.-C. qui, avec l'armée des Chaldéens, détruisit Jérusalem. Le terme chichim ou chachim, selon Gesenius, est chaldéen; et il n'y aurait rien d'extraordinaire que bon nombre d'émigrants de la Palestine pour l'Amérique, eussent été de cette époque; puisqu'ils y avaient été devancés, depuis plusieurs siècles, par d'autres peuples.

La migration des Chichimèques fut suivie de celle des Koloas ou Colhuas, peuple qui était agriculteur et dont les occupations et les coutumes font connaître qu'ils avaient un certain dégré de civilisation ; dans leur histoire traditionnelle, il est dit qu'ils savaient cuire et préparer les viandes et qu'ils savaient travailler la pierre. L'étymologie de *Koloa* ou *Kolua* fera mieux révéler leur condition sociale et leur origine : c'est qu'en effet, le verbe phénicien קָלָה *kolâ* ou *Kolo* signifie, rôtir, cuire, frire ; et עַשׂ *as*, pour עָשָׂה *ásâ*, laborare, travailler, labourer, labore producere, produire par le travail. Une autre étymologie, qui établit aussi la mesure de la civilisation du peuple Koloa ou des Koluas, est קָלַע *kola* ciseler, sculpter la pierre : d'où קָלֵעַ *koléa*, sculpteur, ciseleur, et la seconde syllabe עַשׂ *as* laborare, travailler, ou une seconde syllabe הַס *as* et וַיַּהַס *uas*, quietem facere, sedare populum, tranquilliser le peuple, le rendre stable ; voilà donc des indices de civilisation.

Nous ignorons combien de temps les Chichimèques et les Koluas vécurent en paix ; mais leur indépendance fut détruite par l'invasion des Nahuas et des Toltèques, qui les refoulèrent ou les soumirent ; car ce sont les Naguas ou Nahuas qui fondèrent définitivement la race mexicaine ; leurs directeurs religieux étaient les Toltèques, chargés de l'observance des rites et de tout ce qui concernait le culte du paganisme. Le phénicien נוּעַ *naoua*, être exilé, aller à l'aventure, et נָגוּעַ *nâgoua*, percussus plagâ divinâ, frappé d'un mal providentiel, sont des étymologies qui s'appliquent bien au peuple Nahua chez lequel la religion du nagualisme fut établie. Les Toltèques avaient les fonctions de sacrificateurs : c'est ce que confirme l'étymologie de leur nom, dérivé de תּוֹלַע *tola*, pourpre, vêtu de pourpre ; et תָּקַע *teqé*, frappe, perce, enfonce l'arme. *Teq* peut dériver aussi de תָּקַן *tâqan*, fait et dispose bien ; de תָּקַל *teqal*, il soutient, pondère, établit la balance, juge, examine et délivre. Le Toltèque était donc à la fois pontife, sacrificateur et juge. Leur règne dura jusqu'à l'arrivée de Votan, qui introduisit le culte du serpent et fonda des villes et des colonies au Mexique. Dans l'histoire mexicaine Votan tient une large place ; mais, au temps de sa domination, arrivèrent les *Tséqils*. D'après l'étymologie de *tséqil*, ils étaient une secte religieuse : d'abord le verbe צָקַל *tsâqal* signifie étreindre, lier, serrer : d'où צִקָלוֹן *tsiqelon* sac ; mais les lettres צ et שׂ permutant, de *tsaqal* nous avons 1° שַׂק *saq*, cilice, habit monacal ou de pélerin : 2° הִיל *hil* ou *khil*, circumagi, être entouré, serré autour du corps : *hil* exprime aussi la souffrance. Les Tséqils étaient donc vêtus d'un sac, étroitement serré autour du corps : c'était un cilice qui les faisait souffrir. Ce vêtement était sans doute imposé, comme une pénitence obligatoire à leur secte religieuse ; et il aurait été tout le contraire de ce qu'ont supposé ceux qui prétendent que le terme *tséqil* provient de l'ampleur du vêtement et qui disent aussi, qu'en langue tsendale, tséqil signifie « jupon, robe de dessous ». Or, nous venons de donner l'étymologie de tséqil et de prouver une fois de plus, que la dite langue tsendale est phénicienne ou un dialecte phénicien. Ainsi, Astèq, Kinamé, Chichimeg, Kolhua, Toltèq, Votan (Photan), Shivim (Shiphim), Shan(Than), Cuba, Tsendal, Tséqil, Nahual(Nahua), Nagual (Nagua), auxquels nous ajouterons beaucoup d'autres noms, sont bien des substantifs phéniciens très légèrement altérés au Mexique. Les nombreux faits que nous présenterons dans cet écrit, démontreront que si ce n'est par ignorance, l'indifférence des philologues et des historiens, dans la voie des recherches, a été jusqu'ici fort grande ; car, avec un peu de réflexion, ils auraient pu, comme nous le faisons, comparer les langues d'Haïti et du Mexique avec les langues sémitiques ; puisque les traditions de ces deux pays faisaient connaître que leurs envahisseurs étaient venus d'Orient par mer : c'est ce que confirme Las Casas en disant qu'à l'époque de la conquête, on conservait encore la tradition des vingt chefs, qui avaient débarqué de plusieurs navires venant de l'Est, avec une nombreuse colonie d'étrangers, ayant à leur tête Quetzalcohuatl, que l'on appelait Cuthchulshan, Gugumatz ou Cuculcan, selon le dialecte que l'on parlait. Quetzalcohùatl, comme chef des émigrants, portait une aigrette de plumes, et les indigènes disaient que son nom désignait le « Serpent orné de plumes vertes ».

Ce personnage, en dialecte tsendal, était nommé Cuthchulshan.

L'étymologie de ce nom est : 1° כות *cuth*, Cuthéen et aussi pays des Cuthéens, dans le royaume de Samarie, où Salmanasar établit les Assyriens de Cutha, à la place des Israélites qu'il fit transférer en Assyrie (1) ; 2° חול *chul*, nom d'un descendant de Sem, comme l'était Assur, père des Assyriens ; sa tribu s'établit près du Jourdain ; 3° *Shan* en tsendal, signifie « serpent » et correspond au phénicien *than* תַן, qui est aussi serpent : un autre terme phénicien צָעַן *tsán*, émigra, complète l'image de Cutchulshan, dont la signification est celle d'un émigré de Phénicie, affublé du titre de Serpent, comme Votan, Schivim et Quetzalcohuatl ; il y a donc toute apparence qu'ils sont le même personnage établi à Carthage et qui passa avec des colons à l'île d'Haïti et plus tard au Mexique, où il fonda d'une façon définitive plusieurs centres de colonisation. D'Haïti, avec ses adhérents, il passait par Cuba, pour aborder sans doute au cap Catosh, la plage la plus orientale du Youqatan où, bien avant lui, le législateur Zamna avait débarqué des colons ; la tradition dit aussi que d'autres émigrés débarquaient dans le golfe du Mexique. Katosh (chuint.) est le phénicien חטוש *katosh*, lieu de réunion, subst. du v. חָטַש *kâtash* congregavit se (de populo), d'où le participe *katoush*, réuni, assemblé. Katosh a une prononciation voisine, qui est קדוש *kâdosh*, lieu consacré. L'exposé qui précède nous révèle déjà que le Youcatan fut d'abord peuplé par des envahisseurs venus d'Orient : ils étaient phéniciens, ainsi que vont encore le confirmer les noms suivants et les fondations de Votan.

(1) L. IV des Rois, chap. 17.

Votan, après sa prise de possession, selon Ordoñez, partagea ses Etats en quatre et leur donna les noms de Youqatan, Guatémala, Toula et Nashan, se réservant le Nashan pour y fonder la capitale sous ce nom et au centre d'une colonie dont le dialecte tsendal n'est autre que du phénicien ; en effet : Nashan, qu'on appelait la ville du serpent, a son étymologie dans נָחשׁ *nash* « serpent » et תַּן *than* = *shan*, également « serpent » : c'est-à-dire le double serpent, comme *shiphim* et *photan* (Shivim et Votan), qui ont une signification identique. Dans le dictionnaire de l'abbé Latouche, professeur d'hébreu, il est dit que נְחשְׁן *nâshan* est le serpent d'airain des Israélites : car, *nash* signifie aussi « airain » et *shan* ou *than* « serpent ». L'étymologie de Youqatan est יִקַּח *iouqah* = לֻקַּח *louqah* (*l* liquide) prétérit du v. לָקַח *loqah* fut placé, dressé, occupé, תַּחַן *tahn* le camp, la station, le bivouac : ce fut en effet le premier lieu d'occupation par Votan. L'étymologie de Guatémala est גֵּוָה *gua*, milieu, centre, חֵמָא *temâ*, pays inculte, לַח *lah*, humide, ou לַחָה *lâah*, superbe. Toula a pour étymologie טוּל *toul* être renversé, détruit, d'où le participe féminin טוּלָה *toulah* renversée, détruite ; ce nom indique un pays couvert de ruines : ce qui est conforme au dire de M. Brasseur de Bourgbourg, qui y a vu de grandes et nombreuses ruines antiques, sans avoir pu y découvrir la ville de Toula ; mais les indigènes, en langue tsendale, la désignent par le nom de Tanina, tandis que les descendants des espagnols appellent simplement « la maison de pierre » un édifice en ruine qu'on y voit. Tanina est le féminin du phénicien טַנִין *tanin*, qui signifie aussi « serpent » (Gesenius) : c'est, comme on le voit, un souvenir traditionel de l'époque Votanide. Quant au terme *Toula*, il n'appartient pas seulement au lieu désigné ci-dessus ; car, dans plusieurs pays, jusqu'à l'Equateur, il signifie « tombe, sépulture, tumulus ». Il résulte de ces diverses observations, que le vrai nom du Toula de Votan, fut, dès son origine, *Tanina*, « la ville du Serpent », comme l'appellent encore les indigènes : c'est bien pourquoi, comme cité, Toula est introuvable. Il paraît d'ailleurs, que Toula ou Toulan était un lieu condamné par le sort ; car, selon M. Brasseur de Bourbourg, une tribu du nom de Yaqui, gens *sacrificateurs*, vint se réunir aux colons de Tulan ; mais elle avait un langage différent, et la confusion des langues causa la dispersion de cette colonie.

La capitale du Youqatan fut Maïapan (Mayapan), de l'hébreu מַי *maï*, chaldéen מַיָּא *maïa*, eau, eau de l'Océan, פָּנֶה *pane* (pan), devant, en face, de côté ; dans la Genèse, le Deutéronome et les Paralipomènes, *pane* s'entend par *ab oriente*, du côté de l'Est : ce qui est exact pour Mayapan, située dans la partie orientale du Youqatan et voisine de l'Océan. Selon Cogolludo, Mayapan aurait été fondée par un prédécesseur de Votan, qui se nommait Zamna. Ce nom est aussi phénicien ; car זַעַם *zam* signifie impétueux, sévère, redoutable ; et *nâh* du verbe נָחָה *nahah*, conduisit, transporta, commanda ; *nâh* est aussi un terme égal à נָחַל *nâhl* prit possession, distribua, donna en héritage. Or, d'après la tradition, ce fut Zamna, chef puissant et redouté, qui fit à ses colons la répartition des terres. Il fonda aussi la ville d'*Izâmâl ;* encore le phénicien יָזָה *izâ*, se réunit, se rassembla, adv. מָלֵא *mâle*, pleno numero, en grand nombre. A sa mort, Zamna fut divinisé et mis au premier rang du monde astronomique : c'est pourquoi il est aussi appelé Itz-Zamna, pour lui attribuer une origine céleste, en le considérant comme une *émanation d'en haut* : on a, en effet, le phénicien יִזַּע *itza*, manavit aqua ; *itz* est donc bien l'émanation des nués ou la rosée.

La capitale de Guatémala fut *Kopan*, du phénicien קוּף *koup* ou *kop*, entourer, פַּן *pan*, angle de mur, ou פָּנֶה *pâné* les faces, les dehors, l'extérieur ; on voit que Kopan fut une ville fortifiée, entourée d'une muraille. Copan est appelée *Chikimula* par les indigènes : toujours du phénicien ; car חִיקִי *chiki* signifie sinuosité, enfoncement, gorge de montagne ; et מְעֻלָּה *moulah*, part. passif du v. עָלָה *olâh*, monter, d'où ascensus, pars superior, montée, partie haute, élevée. Enfin, pour en finir avec les villes, disons encore que dans le district de Chiapas où se trouve aujourd'hui Ciudad-Real, exista l'ancienne ville de Goèl ou Gowel, qui aurait été construite par Votan : étym. גוי *gôi*, peuple, corps de population, d'où גולה *gowèle*, exsulsum turba, foule d'émigrés, exsules, les émigrés ; migratio, émigration, exsilium, exil. On a aussi גֹּעַל *goèl*, ce qui cause du dédain, de l'aversion, ce qui est abject. Cette ville de Gowèl ou Goèl aurait donc été le réceptacle d'une population agglomérée et peu estimable.

Au deuxième rang du calendrier mexicain, dans le monde astronomique ou atmosphérique, se trouve *Ik*, *Ig* ou *Eg*, être symbolique, génie ou divinité du souffle, de l'air, du vent. Il était sans doute le génie du bon vent, le souffle favorable des vents alisés, qui conduisaient les émigrés à leur destination : c'est pourquoi Votan éleva un temple à cette divinité, dans la vallée de Huéhuétan, et la légende dit que ce temple fut élevé par la puissance du souffle de *Ik*. Cette légende tzendale est expliquée par l'hébreu ou le phénicien הֶגֶה *éghé*, הֶגֶה *ighé* ou *igh*, suspirium, anhelitus, murmur, dont les significations sont haleine, souffle, vent léger et doux, autrement dit Zéphyr. *Ik* ou *Ig* est le souffle d'en haut, celui qui pousse le navire de l'émigrant. Nous avons en outre le terme הֵיכָל *ikâl* « temple, édifice élevé, aérien » : c'est un rapprochement singulier avec *Ik* la divinité atmosphérique et le temple qui fut élevé en son honneur par Votan. Sa fondation avait un caractère phénicien ; puisque les Phéniciens rendaient un culte au vent ; le souffle atmosphérique, dans leur cosmogonie, apparaît comme Créateur de la Terre : ainsi, c'est sur un principe religieux remontant à la création du Monde, que le culte de *Ik* ou *Ig* fut fondé. Dans la Genèse des Phéniciens, transmise par Sankhoniaton et Eusèbe, il est dit que le Souffle en se mêlent au Chaos, forma le limon d'où sortirent les reptiles etc. ; c'est ainsi que, dès l'origine des êtres, le serpent dut être le premier qui fut l'objet d'un culte. Votan, en symbolisant l'émigration phénicienne, par le serpent, nous rappelle le Sidonien Cadmus qui alla fonder chez les Grecs la première colonie et se maria avec Hermione ; mais les oracles lui avant déclaré que sa postérité était condamnée aux plus grands des malheurs, pour ne pas les voir, lui et Hermione se métamorphosèrent en serpents et émigrèrent.

Après sa mort, Votan fut honoré sous le nom de *Bôtan*, terme homophone de Vôtan ou Phôtan. Ce nom tzendal signifie « cœur, cœur du peuple ; » il est aussi phénicien : car בֶּטֶן *bôtan*, c'est pectus, viscera, intima pars, ima pectoris, cœur, entrailles, partie intime, le fond du cœur ; et, au figuré, cœur est le fruit des entrailles, l'être aimé ; d'après Cicéron, *viscera* est le fond de l'âme ou du cœur, l'esprit, l'affection, le souvenir. L'on comprend maintenant toute la valeur du titre de *Botan* ou cœur, que l'on donnait à Votan après son décès. Les traducteurs du manuscrit tzendal, disaient que, selon la tradition, Bôtan avait la double signification de cœur et de serpent ; c'est ce que nous venons de confirmer en rapprochant Botan de son homophone Votan ou Photan et en faisant voir, une fois de plus, que le tzendal *Botan* est aussi phénicien. L'appellation de Botan a pu avoir sa formation primitive de בות *bot*, receptaculum, pars interior, intus, réceptacle, partie intime, l'intérieur ce qui est bien le fond du cœur, et תַן *than*, serpent. Pour exprimer sa plus véritable appellation de « Cœur du peuple » dont Botan est l'âme et le souvenir, on a le verbe בות *bot* permansit, mansit, commoratus est, il demeure, habite, subsiste avec, reste fidèle à... עַם *am* populo, au peuple ; or, *Botam*=*Botan* par l'assimilation des lettres *m* et *n*. En effet, quand on vit avec le peuple, qu'on lui est fidèle, on a son cœur, on en devient le cœur : telle est l'origine du surnom mérité de « Cœur du peuple » appliqué à Votan. L'affinité des deux langues tzendale et phénicienne est de plus en plus évidente.

Pour terminer ces quelques pages, qui se rapportent au

peuple qui parlait le tzendal, nous donnons l'étymologie phénicienne de la belle ruine du palais ou du temple de Palènqué ou Palèngué : elle consiste en trois mots qui sont : 1° v. פָּלָא *pala*, mirabilis est, mirabile fecit, ingens fuit, d'où פֶּלֶא *palé*, miraculum, merveille, chose admirable, grandiose ; 2° חֵן *hèn*, pulcher, pretiosus, beau, précieux ; 3° גֵּא *gué*, superbus, magnificus, fastuosus ; l'on voit que ces trois termes sont en harmonie avec le monument, merveille de l'art, magnifique et fastueux, et que son véritable nom est *Palé-hèn-gué*, d'où, couramment, Palènqué. On croit que *Palenqué* était, dans l'origine, la même ville que *Nashan*. Le tzendal est donc bien un dialecte phénicien.

CHAPITRE II.

—

Éloignons-nous du Mexique et transportons-nous au nord du continent américain : c'est là, dans diverses parties des États-Unis, que l'on a découvert et que l'on découvre encore des monuments épigraphiques d'une authenticité réelle et dont les inscriptions sont en caractères phéniciens ; leurs lettres sont en général, un mélange des alphabets sidonien ou cadméen, de l'île de Théra, de la Cyrénaïque, et l'on en voit en caractères campaniens et puniques.

En ce qui concerne les monuments épigraphiques de l'Amérique, notre première observation se porte sur un point essentiel, qui est le suivant : Il est prouvé par les recherches faites jusqu'à ce jour, que les autochthones du continent américain ne firent jamais usage du fer et qu'ils ignoraient l'art de le forger. Cependant, des monuments antiques en ruine, y laissent voir,. que la taille de la pierre et que la sculpture ont été pratiquées par des gens munis d'outils de fer ou d'acier : d'où l'on peut conclure, que des émigrés du vieux continent, ayant apporté leurs outils, ont seuls travaillé et gravé la pierre en Amérique. Comme, d'ailleurs, il s'y trouve des inscriptions phéniciennes, il faut bien admettre que les phéniciens ont tenté de coloniser l'Amérique, longtemps avant l'ère chrétienne. Déjà dans les premiers siècles du christianisme, les traditions des navigateurs du nord de l'Europe existaient et dans le

Moyen-âge on savait que les îles Féroë, l'Islande et le Groënland servaient de lieux de relâche aux navires islandais, bretons, irlandais, scandinaves et normands, qui suivaient cette route pour se rendre au grand continent de l'Ouest, que Plutarque nomme « Continent Cronien ».

Selon Behaim, les traditions qui se rapportent à Saint-Brandan, contemporain de Procope (VIe siècle), disent que ce Saint, en l'an 565, avait visité une île où il trouva des choses merveilleuses. Saint-Malo et l'irlandais Cluenfert sont cités pour avoir été aux îles Cassitérides ou des Açores qu'anciennement les phéniciens exploitaient pour leurs mines d'étain; et l'on croyait qu'elles étaient les îles Fortunées de la tradition; plus tard, des cosmographes appelèrent aussi l'îles Fortunées, celles des Canaries; mais elles sont réellement les Antilles, comme nous le démontrons dans notre présent ouvrage. Quoiqu'il en soit, les habitants des Açores, dit la tradition, savaient qu'il y avait à l'ouest des terres habitées; car les vents d'ouest et les courants pélagiques poussaient sur leurs rivages, non seulement des bambous, des arbres et d'autres végétaux étrangers, mais encore des morceaux de bois sculptés et tailladés; on y vit même des barques portant des hommes d'une race inconnue et venant de l'ouest. Ces translations involontaires d'américains ont été signalées à diverses époques éloignées et, à cet égard, Humbold en fait mention dans son Histoire de la géographie (tome II); d'ailleurs, la distance des Açores à la Nouvelle-Écosse n'est que de 410 lieues. Ce fut dans l'île la plus occidentale des Açores, qu'en 1749, on découvrit un vase rempli de monnaies phéniciennes, cathaginoises et cyrénaïques. Mais, les peuples maritimes, qui prenaient la route du nord que nous avons indiquée, y trouvaient une plus grande facilité de communication que par les Açores; car des îles Féroë à l'Islande, la distance n'est que de 108 lieues; de l'Islande au Groenland, 52 lieues; et du Groënland au Labrador (en Amérique), 140 lieues.

Sénèque dans son ouvrage *Naturales questiones*, parle de la proximité de l'Espagne et des terres occidentales et de la facilité de faire la traversée en peu de jours, si le navire est bien poussé par le vent. Strabon signale *deux terres habitées à l'ouest*. Cicéron est plus explicite (édit. Schütz, t. XVI, ch. II, p. 98) ; car il dit que ces deux terres habitées sont, l'une *australe* et l'autre *boréale* (Amérique du sud et Amérique du nord). Ces narrations constatent donc que l'Amérique était anciennement connue et qu'on y allait par la route directe vers l'ouest et par la route du nord en faisant des escales. Dans les temps plus rapprochés de nous, comme en l'an 730 de notre ère, les Danois s'emparèrent de l'Islande, et des religieux s'y établirent, ainsi qu'aux îles Féroë et au Groënland, pour y prêcher le christianisme. Le livre du moine irlandais Dicuil, publié en 825, sous le titre *Dicuili de mensurâ orbis terræ* et traduit en 1814 par Letronne, constate qu'en 795, il y avait des prêtres chrétiens établis en Islande. Après les Danois ce furent les Norwégiens qui occupèrent l'Islande et, en 980, ils colonisèrent l'ouest du Groënland, où l'on voit encore les ruines de leurs colonies et des inscriptions runiques du onzième siècle. En l'an 985, ils firent des expéditions pour explorer l'Amérique et l'islandais Biarn Herjolfson y découvrit le Vinland. Celui-ci, en l'an 1000, y retourna avec les Islandais Leif Ericson et Leif Heppeni ; ensemble ils visitèrent le Vinland, le Helluland et le Markland, et ils descendirent jusqu'au 41°24^{m} de latitude septentrionale où ils hivernèrent. Erik Rauda explora les côtes du Groënland ; de là, il se rendit à l'embouchure du fleuve Saint-Laurent au Canada et, à son tour, pénétra dans le Vinland ; s'y rend aussi Bjoern en l'année de 1001 ; enfin, c'est en l'an 1007 que Thorfinn Karlsefn s'en fut explorer le Rhode Island, le Helluland, le Labrador et le Markland. Adam de Brème (hist. eccles.) dit qu'en 1035, l'archevêque Bezelinus Abrandus, dans ses écrits, a fait mention du Vinland ; il assure que les Frisons poussèrent leurs explorations dans la *mer ténébreuse*, au-delà de l'Islande et qu'ils abordèrent une terre dont les habitants étaient d'une stature colossale. D'une part, les auteurs que nous avons cités plus haut, d'autre part, les faits que nous venons de signaler, devaient être en partie connus de Christophe Colomb ; car Sénèque était né en Espagne, et c'est de là que les modernes et les anciens allaient aux Açores ; puis, il n'est pas douteux que les Islandais avaient conservé les traditions des navigateurs qui partaient de leur île pour l'Amérique.

Revenons à Thorfinn Karlsefn qui, selon les scandinaves, aurait visité le Massachussets et auquel le Danois Finn-Magnusen, il y a peu d'années, a attribué le monument de Dighton Rock, et a considéré, comme étant runique, l'inscription gravée qui s'y trouve. Nous allons reproduire ici le fac-simile de cette inscription, en raison de son originalité et pour démontrer, que, loin d'être runique, elle est campano-phénicienne et qu'elle n'a pu avoir pour auteur Thorfinn-Karlsefn.

CLICHÉ DE L'INSCRIPTION DE DIGHTON ROCK.

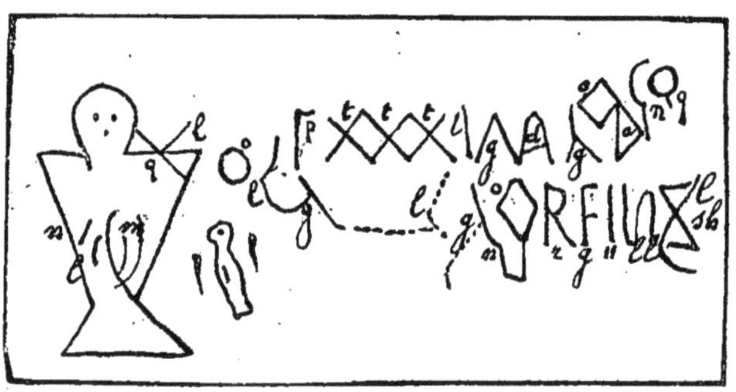

L'inscription ci-dessus est gravée sur un bloc granitique, situé sur la rive orientale de la rivière Tauton, dans l'État américain de Massachusets ; bien que sa surface soit un peu érodée par le flot quotidien de la marée montante, la profondeur des caractères qui y ont été gravés, les a préservés de la destruction. Des outils de fer seuls ont pu les graver si profondément. Sur ce monument des signes fantaisistes servent de cadre à l'inscription ; ils n'ont jusqu'ici servi qu'à des suppositions ridicules, les plus contradictoires et ils ne sont bons qu'à exercer l'imagination des gens qui ont foi dans les signes cabalistiques : nous ne les reproduisons donc pas. Abordant la question, nous devons faire connaître qu'au congrès des Américanistes, réuni à Nancy, en 1875, l'orientaliste et philologue M. Madier-de-Montjau, communiqua une notice de M. Gravier, de Rouen, sur l'inscription de Dighton Rock ; nous la relevons dans le compte-rendu imprimé de ce congrès. Il y est dit que des antiquaires Danois ont cru reconnaître dans l'inscription de ce monument, des caractères *runiques*, se rapportant aux aventures des Scandinaves dans le Massachussets, tandis que d'autres savants y ont reconnu des caractères phéniciens ; mais ils n'en ont donné aucune traduction. Étant de l'opinion de ces derniers, pour ne point laisser s'accréditer une erreur des *runistes*, j'ai donc entrepris la tâche de traduire d'une façon méthodique et analytique cette inscription, qui est depuis longtemps l'objet de nombreux commentaires. Mais faisons d'abord la critique du procédé du runologue Danois, Finn Magnusen.

Ce savant veut que le groupe *de lettres* ΓXXX I soit transcrit *en chiffres* romains CXXXI : ce qui, selon lui, représenterait le nombre d'hommes emmenés par Thorfinn Karlsefn dans le Vinland. Nous prouverons son erreur. Le lecteur peut aussi voir sur la poitrine du buste les trois lettres phéniciennes [illegible] *m l n* qui se lisent de droite à gauche ; mais Magnusen, lisant de gauche à droite, omet la lettre *l* et déclare que *n* est l'abréviation de *nœrœnir* (nord), et que *m* serait *madr*, au pluriel *medr*, ayant pour valeur épigraphique *menn* (hommes) : d'où son monogramme *n m* signifierait « hommes du nord. » A celà nous répondons, que nous faisons emploi des trois lettres *m l n*, et nous y lisons *mâlôn* מָלֹן=תְּלוֹן, terme qui désigne ce qui est stable, le lieu où l'on reste, le lieu du repos, ce qui est inanimé, un mort (genesius); mâlôn vient du verbe radical לוּן *loun*, permanere, rester en place, et dont le prétérit et le présent sont לָן *lon*; il s'agit donc d'un monument funéraire et non des aventures de Thorfinn Karlsefn : mâlôn est l'équivalent de *ici repose* ou du *ci-gite* de nos tombeaux. D'ailleurs, Magnusen n'a pas tenu compte de l'image allégorique qui est à la droite du buste et qui représente un être enseveli, sur lequel et à côté duquel on voit des larmes : c'est pourtant le motivé significatif, le déterminatif de l'inscription.

Revenons au système des monogrammes de Magnusen : A la droite des prétendus chiffres romains où sont les deux lettres phéniciennes *g d*, il transforme ces lettres en un monogramme et il y voit *le rune complexe* NAM, dérivant de *nema*, capere, occupare, mot convenant, dit-il, au bas allemand *niman* et au danois *nam*. *Nam*, dit-il encore, est souvent employé avec *land* territoire ; par malheur le nom de territoire n'est pas dans l'inscription ; mais Magnusen l'y mettra : en effet, le rapporteur de la notice dit, *qu'en tout cas*, la valeur de ce nom *ne laisse aucun doute* et l'on peut admettre cette interprétation qu'en donne Magnusen : « Occupatio regionis sive territorii, terra ita occupata sive fundus in primi inventoris possessionem redactus. » Voici donc les *deux lettres* du monogramme, qui produisent quatorze mots latins, ou les dix-sept français qui sont : « occupation du pays ou territoire, terre occupée ou tombée en la possession du découvreur ou premier occupant. » On voit que le rapporteur, tout comme le savant runologue, ont su donner un beau développement à *nam;* mais, ni l'un ni l'autre n'ont songé à traduire le groupe phénicien *qanoa*, qui se compose de plusieurs lettres et qu'on voit à côté du dit *nam;* ils les laissent complètement dans l'oubli : ce qui est plus commode.

Passons à la deuxième ligne de l'inscription, qui se compose de dix-sept lettres phéniciennes. Magnusen y prend les deux lettres ◇R, nouveau monogramme, que par de savantes, mais bizarres déductions, il traduit par « *territoria à nobis occupata* » et par « *coloniæ nostræ.* » Il semble que Magnusen n'ose aller plus loin; mais le rapporteur de la notice a plus d'audace : car, dit-il, une étude *plus approfondie* nous a convaincu que ces deux lettres appartiennent au mot ◇RFIИΣ ; nous ferons remarquer que, dans l'inscription, la dernière lettre à droite est croisée par un *l* (1) que le rapporteur escamote ; s'en étant débarrassée, il lit le nom de *Orfinn ;* cependant il faudrait trouver *Thorfinn ;* or, sur l'inscription, à la gauche d'Orfinn, manque la double lettre *th* et l'on y voit les deux lettres phéniciennes *n g;* que faire alors? rien de plus simple pour le rapporteur, puisque sur ces deux lettres il pose le *thau*, *th phénicien* et le tour est joué; par ce procédé on obtient le nom de Thorfinn. Nous ferons remarquer qu'un côté de la lettre *g* de l'inscription est figuré sur le dessin par un pointillage, parce que sur la pierre du monument cette lettre est à demi effacée, ainsi que la consonne *l* du mot qui est à sa gauche; mais, ces deux lettres très visibles d'ailleurs, furent reconstituées par le Scandinave Carlo Rafn, et nous les avons adoptées telles qu'elles nous ont été transmises.

Maintenant que le rapporteur a trouvé le moyen de nous

(1) *Voir le cliché.*

faire lire Thorfinn, il va en faire l'application avec le *nam* de Magnusen : c'est pourquoi, prenant *nam* à la premiére ligne de l'inscription, il l'accole à *Thorfinn* de la deuxième ligne, et *nam Thorfinn* signifient que « Les compagnons de Thorfinn se proposèrent d'occuper cette terre *après avoir accompli les rites de prise de possession* » (sic) ! ! ! De pareilles inventions de la part d'un savant ne méritent elles pas l'admiration des lecteurs et des philologues? Elles sont à la hauteur des traductions fantaisistes que, chaque vendredi, Messieurs Michel Bréal, Ernest Renan, Jules Oppert et Gaston Paris, professeurs au Collège de France et membres de l'Institut (inscriptions), lisent gravement devant leur auditoire muet; car leurs traductions épigraphiques n'y sont l'objet d'aucun contrôle et sont acceptées et admises sans discussion. Pour terminer la critique des interprétations de Magnusen et du rapporteur de la notice, faisons remarquer, que cinq lettres de la première ligne et dix lettres de la deuxième ligne n'ont pu être expliquées par ces deux savants : c'est-à-dire, qu'ils ont omis la traduction de la moitié des caractères de l'inscription : ce qui est vraiment dommage ! car avec les monogrammes de Magnusen renforcés des lettres omises et des commentaires du rapporteur de la notice, ces deux savants auraient pu faire la relation complète des aventures du Scandinave Thorfinn Karlsefn dans le Massachussets. Nous ne prétendons pas conclure de celà que Thorfinn n'est point allé dans le Massachussets au commencement du XIe siècle; mais il est évident : 1° Que l'inscription de Dighton Rock n'est pas runique; 2° Que ce n'est pas Thorfinn Karlsefn qui a gravé cette inscription où manque jusqu'à l'orthographe de son nom, lequel d'ailleurs n'y existe point, comme je vais le démontrer plus loin. Un savant, M. Paul Gaffarel, croit que le monument épigraphique de Dighton Rock restera une énigme indéchiffrable : c'est une opinion erronée; car, sans trop de difficulté je suis parvenu à la lire ; ma traduction est justifiée par une analyse détaillée de chacune de ses lettres ; et chaque mot, avec sa valeur exacte, concoure à la formation de la phrase d'une façon correcte et rationnelle. D'ailleurs, en publiant ma critique qui est faite dans l'intérêt de l'histoire de l'Amérique ancienne et de la science, en général, je demande moi-même une critique juste et raisonnée de mes écrits ; quelle soit loyale et faite sans réticences ni omissions volontaires et que l'on ne dénature point le sens de mes paroles ; mais qu'à mes traductions l'on m'oppose des traductions justifiées : à ces conditions, j'offre la lutte aux vrais savants, en soumettant mes œuvres à leur examen ou à leur sagacité scientifique.

Comme on l'a vu précédemment, nous avons adapté à chaque lettre du cliché de l'inscription phénicienne la lettre latine correspondant aux vingt-neuf caractères de cette inscription ; et pour faciliter le controle de notre traduction, nous faisons usage des caractères hébreux, afin de donner aux mots leur valeur et leur prononciation, telles qu'elles sont dans le dictionnaire du savant Gesenius. Ces mots au nombre de onze, forment deux phrases, qui se lisent de droite à gauche, et dont voici le mot-à-mot dans l'ordre de l'inscription :

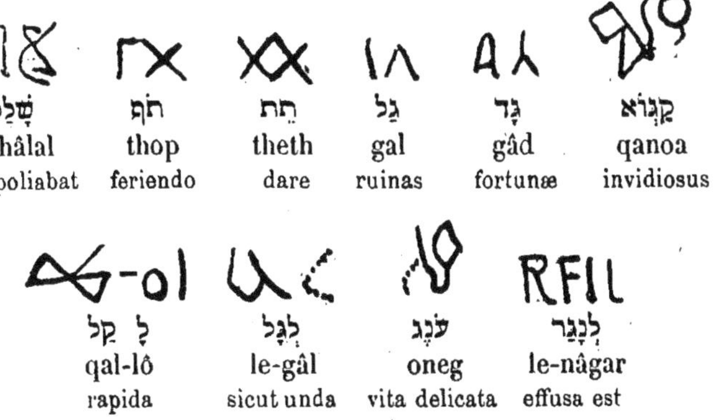

« Envieux de la fortune, pour causer les ruines, il pillait en frappant : Sa vie voluptueuse s'est écoulée comme l'onde rapide. »

Cette inscription est un mélange de lettres phéniciennes et de plusieurs de leurs dérivées, qui sont dans l'alphabet de

Campanie : ce qui indiquerait une époque de transformation et permettrait de conclure que l'émigration dont émane l'inscription de Dighton Rock, remonte au temps rapproché des conquêtes d'Alexandre-le-Grand.

Analysant lettres et mots de l'inscription, de droite à gauche, notre premier mot est *qanoa :* il est formée du *koph* phénicien de Théra ; cette même lettre fait aussi partie de l'alphabet campanien ; la deuxième lettre *n* est aussi théraïque ; la troisième *o* est campanienne et se voit sur la monnaie des hébreux, frappée en Phénicie ; la quatrième lettre *a* est phénicienne de Théra. Le second mot *gad* est formé des deux consonnes *g d :* la première est un *g* phénico-araméen et la deuxième est *d'* théraïque. Vient ensuite le mot *gal* formé de deux lettres, dont la première est un *g* de Théra, et la seconde *l* phénicien primitif. Le quatrième mot *theth=theneth*, deux infinitifs du verbe *nathan* dare, donner, produire, causer : les deux lettres *th th* ou XX sont théraïques. Le cinquième mot est *thop*, dérivé du verbe radical תָּפַף *thopap* ferire, percellere, frapper, blesser, assommer, maltraiter, et qui correspond assez au sanscrit *tup*, cœdere, interficere, tuer, massacrer : la première lettre de *thop* est *th* de Théra et la deuxième *p* appartient à l'alphabet campanien. Le sixième mot qui termine la première phrase de l'inscription est *shâlal*. Sa première lettre, qui est *sh*, appartient à l'alphabet campanien qui l'a empruntée à l'alphabet lycien (Asie-mineure) ; sa deuxième lettre est la consonne *l*, de Théra, qui croise la lettre *sh*, campanienne et lycienne ; enfin, la troisième lettre est aussi *l ;* mais elle est phénicienne archaïque.

La seconde phrase de l'inscription commence par le verbe *le-nagar*, effusa est : sa première lettre est *l* préfixe : elle est théraïque ; sa deuxième lettre est *n* phénicien archaïque ; sa troisième est un *g* représenté par le *digamma* cadméen ; cette lettre, qui ressemble à F majuscule, fut introduite en Grèce par Cadmus et fut en usage chez les Éoliens ; la quatrième lettre *r* dont notre R majuscule est la copie, appartient aux alphabets campanien et latin. Le deuxième mot de cette phrase est *ôneg* : il est formé de *o* campanien, de *n* théraïque et du *g* phénicien archaïque. Le mot suivant *legâl* a, pour première lettre *l* préfixe, qui est phénicien, pour seconde lettre *g* phénico-araméen, et pour troisième lettre *l* théraïque. Le quatrième mot *lo* est une préposition préfixe, dont la fonction est de marquer *le moment du temps;* sa lettre *l* est phénicienne et sa lettre *o* se voit dans les alphabets de Campanie, de Théra et de Phénicie : *lo* se lie au dernier mot de l'inscription, qui est *qal*, rapide; celui-ci se compose de deux lettres, dont la première est *q* sidonien, phrygien et étrusque de Pérouse; la deuxième lettre *l* est de Théra. Par cette analyse, nous savons donc la provenance de toutes les lettres de cette inscription et qu'elles ne sont pas des runes scandinaves. Sauf la lettre R qui est latine et campanienne, elles sont toutes phéniciennes ou des dérivées et elles furent importées chez les Grecs par Cadmus, qui était Sidonien, par conséquent de la Phénicie : c'est ainsi qu'on trouva dans l'île de Théra les alphabets phéniciens et des inscriptions phéniciennes ; ces caractères phéniciens servirent de base aux alphabets de la Campanie et des Osques et furent en usage dans l'ancienne Grande-Grèce. De notre démonstration il résulte que nous avons mis à néant *les aventures des Scandinaves* dans le Massachussets et l'illusion des monogrammes tirés de l'inscription de Dighton Rock, mais qui n'ont existé que dans le cerveau de Finn Magnusen et de son ingénieux interprète M. Madier de Montjau.

En résumé, nos démonstrations probantes du premier chapitre, ont établi : 1° que les Phéniciens firent des tentatives de colonisation au Yucatan du Mexique ; 2° que leurs expéditions vers cette région se faisaient par mer, venant de l'Est ; 3° que, plus tard, ces phéniciens, suivant le littoral des Gaules, de la Grande-Bretagne, de l'Irlande et passant par les îles Féroë et l'Islande, après avoir fait encore escale à l'ouest du

Groënland, débarquaient au nord de l'Amérique, à la *Terre d'Ombre* et brumeuse. C'est de là, que par terre leurs émigrants descendaient vers les régions méridionales où ils aimaient à contempler le Soleil, qui leur rappelait l'Orient, et, comme ils le disaient naïvement, ils ne savaient ce qu'ils étaient venu faire si loin. Enfin, dans le deuxième chapitre, il nous a suffi de reproduire le *fac-simile* de l'inscription de Dighton Rock ; de démontrer qu'elle est phénicienne et non runique ; qu'en effet, elle est écrite avec des caractères phéniciens et campaniens ; et qu'elle confirme le passage, la marche du Nord au Sud des migrations phéniciennes, lesquelles ont pu traîner à leur suite d'autres fractions de peuples navigateurs ou commerçants. Avec les siècles, leurs familles se sont confondues dans les populations autochthones de l'Amérique qui les ont absorbées. Mais, comme nous l'avons démontré, leur langue, sous le nom de tsendale, leur a survécu au Mexique, ainsi que l'histoire de Votan, mystérieux personnage, à la fois fondateur de colonies et du culte du Serpent dont l'origine se voit dans la cosmogonie ou théogonie phénicienne. En prenant le titre de Serpent, Votan apparaît comme un être prétentieux, parodiant Cadmus, fondateur de Thèbes et qui se métamorphosa en serpent.

CHAPITRE III.

—

Les Phéniciens au fleuve des Amazones.

Dans l'Avant-propos de ce livre, j'ai rappelé *ma découverte* des « Voyages triennaux des flottes de Salomon et d'Hiram au fleuve des Amazones. » J'ai fait connaître que, sur cette question, mon œuvre imprimée à Genève en 1869 étant épuisée, mon intention était d'en faire une réédition très améliorée par suite de mes recherches dans mon dernier voyage au fleuve des Amazones. Mais au lieu d'en faire un ouvrage spécial, puisque je veux démontrer que les Phéniciens ont été en Amérique, il est à propos de signaler dans le présent écrit leurs voyages au plus grand des fleuves du Nouveau-Monde. Les marins d'Hiram, roi de Tyr, étaient effectivement des Phéniciens, ainsi que les équipages des vaisseaux de Salomon. Encouragé par le concours bienveillant de M. Charles Peeters, libraire-éditeur à Louvain, je me suis décidé à faire ici l'insertion de ce chapitre, qui concerne les « Voyages triennaux » et d'y joindre des cartes indispensables à mes démonstrations.

Rapportons d'abord quelques lignes d'un récit de Diodore de Sicile, qui, 45 ans avant l'ère chrétienne, signalait l'Amérique sous le nom d'île, parce qu'il en ignorait la configuration. Or, voici sa narration :

« Elle est éloignée de la Lybie de plusieurs journées de navigation et *située à l'Occident*. Son sol est fertile, d'une grande beauté et *arrosé par des fleuves navigables.* » Cette circonstance de *fleuves navigables* ne peut s'appliquer qu'à un continent, car aucune île de l'Océan n'a des fleuves navigables. Diodore continue en disant : « On y voit des maisons *somptueusement construites;* » or, nous savons que l'Amérique possède de beaux édifices en ruine et de la plus haute antiquité. « La région montagneuse est couverte de bois épais et d'arbres fruitiers de toutes espèces. La chasse fournit aux habitants nombre d'animaux divers ; enfin l'air y est si tempéré, que les fruits des arbres et d'autres productions y viennent en abondance pendant presque toute l'année. » Cette peinture du pays et du climat par Diodore se rapporte en tout point à l'Amérique équatoriale. Cet historien raconte ensuite comment les Phéniciens découvrirent cette contrée. « Les Phéniciens, dit-il, avaient mis à la voile pour explorer le littoral situé au-delà des Colonnes d'Hercule, et pendant qu'ils longeaient la côte de la Lybie, ils furent jetés par des vents violents *fort loin dans l'Océan.* Battus par la tempête pendant beaucoup de jours, ils abordèrent enfin dans l'île dont nous avons parlé. Ayant pris connaissance de la richesse du sol, ils communiquèrent leur découverte à tout le monde. C'est pourquoi les Tyrrhéniens, *puissants en mer*, voulurent aussi y envoyer une colonie, mais ils en furent empêchés par les Carthaginois, qui craignaient qu'un trop grand nombre de leurs concitoyens, attirés par la beauté de cette île, ne désertassent leur patrie. »

Toutefois les Carthaginois avaient été précédés dans leurs navigations de l'Océan par les Cares, établis dans les Cyclades et autres îles de la Méditerranée, 1600 ans avant J.-C. et d'où ils partaient pour naviguer dans l'Océan; car Diodore dit que les Carthaginois suivirent dans la navigation les traces des Cares *dans les mers de l'Ouest.* Les Cares portaient des plumes à la façon des Américains; ils ont d'ailleurs laissé dans la plus grande partie de l'Amérique leur nom et de nombreux souvenirs archéologiques; ils établirent même sous le nom de

Cara, une dynastie de leur race qui régnait à Quito, capitale de l'Équateur.

On attribue aux Caras la construction des édifices et leurs sculptures, qui se voient dans plusieurs parties de l'Amérique, ainsi que les travaux dans les mines : c'est d'ailleurs ce qu'indique le verbe phénicien כָּרָה *cârâ* creuser et orner les édifices ; et tout fait supposer que pour travailler la pierre, ils portaient avec eux des outils de fer ; car, on n'a jamais trouvé en Amérique de traces de la fabrication du fer ; tandis que le cuivre seul y était en usage.

On sait que le culte de Belus, Bel ou Baal, était identifié avec celui du dieu Soleil ; or, en Amérique ce même culte existait : de même qu'à Babylone Bélus fut adoré ; au Pérou on adorait non seulement le Soleil, mais aussi l'Inca comme étant le descendant du Soleil. En Amérique on voit des monuments cyclopéens et des pyramides comme dans l'ancien monde. On y faisait l'étude des astres. Les costumes sacerdotaux étaient identiques à ceux des égyptiens et la circoncision y était en usage comme chez les Hébreux. Tout démontre donc que les anciens peuples des deux Mondes se fréquentaient.

Enfin, n'oublions pas de faire remarquer la proximité des îles du Cap-Vert de la côte du Brésil, et l'existence des courants équatoriaux opposés, qui facilitent la traversée entre les deux grands continents, pour l'aller et le retour : ce fait est aujourd'hui parfaitement constaté, et on peut le vérifier sur la carte des courants de l'Océan. Ainsi, nos citations prouvent que dans l'antiquité, jusqu'à la chute de Carthage, 146 ans avant J.-C., l'Océan avait presque toujours été fréquenté, et que l'Amérique était connue des peuples navigateurs ; en dernier lieu, que la facilité des communications a toujours existé entre les deux grands continents par les vents alisés et les courants équatoriaux dont les marins phéniciens avaient l'expérience. On comprend désormais pourquoi Salomon demanda des marins à Hiram pour envoyer ses vaisseaux à

Ophir et à Tarschisch; et nous allons démontrer que ces lieux célèbres de la Bible, ainsi que Parvaïm, se trouvaient dans l'intérieur du fleuve des Amazones.

David en mourant, laissa à Salomon, pour la construction du temple, 7,000 talents d'argent et 3,000 talents d'or d'Ophir. Le vieux roi n'avait aucun vaisseau naviguant dans les mers extérieures ; il recevait donc l'or d'Ophir du trafic des Phéniciens qui, suivant la Bible, connaissaient toutes les mers. Salomon, pour mettre à exécution ses grands projets qui exigeaient des trésors immenses, eut recours à Hiram ; il parvint à l'intéresser à ses entreprises et à contracter avec lui une alliance solide. La crainte d'exciter la jalouse susceptibilité des populations maritimes de la Méditerranée, fut sans doute le motif qui décida Salomon à faire construire à Esion Gaber, dans la mer Rouge, les vaisseaux qu'il destinait aux voyages d'Ophir. Hiram lui envoya des marins expérimentés, et, comme on s'en convaincra plus loin, la flotte d'Ophir ne rentra jamais dans la mer Rouge ; elle doubla le cap africain, pour se joindre dans l'Océan Atlantique à la flotte d'Hiram, qui sortit de la Méditerranée.

La découverte que nous avons faite de la route que suivaient les vaisseaux de Salomon et du roi de Tyr, à travers l'Océan pour se rendre en Amérique, 1000 ans avant notre ère, sera démontrée d'une façon irréfutable. Les conjectures ni les raisonnements plus ou moins spécieux de quelques savants n'ont pu jusqu'à ce jour, arracher le voile qui couvrait la route inconnue que prenaient les flottes de ces rois, et aucun d'eux n'a pu préciser les lieux qu'occupaient Ophir, Parvaïm et Tarschisch. Cette question, qui fut souvent controversée, ne fut jamais résolue par les hommes les plus érudits qui la traitèrent, parce que leur argumentation, loin d'avoir une base solide, ne s'appuyait guère que sur des hypothèses, et que d'ailleurs elle se trouvait enchaînée par des croyances erronées sur la navigation des anciens. Leurs recherches sur tous les points de l'ancien continent n'ayant amené aucune solution vraisemblable, nous avons suivi une marche inverse, et c'est en Amérique même et dans sa partie la plus ignorée que nous avons découvert les lieux célèbres d'Ophir, de Parvaïm et de Tarschisch; sur ces mêmes points existent encore diverses localités qui ont conservé des noms hébreux, tandis que les noms des objets qu'en rapportaient les vaisseaux de Salomon et de son allié le roi de Tyr, appartiennent précisément à la langue des indigènes de la région que fréquentaient ces vaisseaux : or, ces noms, de l'aveu des plus grands philologues, appartenaient *à une autre langue* qu'à l'hébraïque. Nos travaux ayant abouti à la réunion de nombreuses preuves et circonstances évidentes, accumulées sur les lieux désignés, nous pouvons indiquer la provenance des objets importés à Jérusalem, ainsi que leurs noms qui ont été pris dans la langue *kichua* ou des *Antis*, et que l'on parle encore dans le bassin supérieur du fleuve des Amazones : nous en ferons d'ailleurs connaître les significations et les étymologies exactes; quant aux localités mentionnées, nous engageons nos lecteurs à voir leur situation sur la carte que nous avons faite pour que notre démonstration soit mieux comprise.

Commençons par faire connaître *Parvaïm*. L'examen de ce mot est important; il est, lui seul, toute une révélation. Dans le livre II des Paralipomènes, chap. III, v. 6, il est dit que « Salomon orna sa maison de belles pierres précieuses et que l'or était de Parvaïm. Ce roi se procurait donc de l'or ailleurs qu'à Ophir et à Tarschisch seulement. Parvaïm est une prononciation altérée de *Paruim*, par suite de ce qu'en hébreu *v* et *u* sont la même lettre et de ce que l'*iod*, qui est la voyelle *i*, est souvent lue *aï* comme en anglais. Mais dans le texte hébreu l'*or de Paruim* est écrit *Zab-Paruim* זְהַב פַּרְוָיִם ; dans le texte grec des Septante on lit également *Paruim*, et sa version nous donne ici complétement raison. La terminaison *im* יִם, indique le pluriel hébreu, elle est ajoutée à *Paru*, parce qu'il existe dans le bassin supérieur des Amazones, sur le territoire oriental du Pérou, *deux rivières* aurifères, l'une du nom de *Paru* (Parou) l'autre de *Apu-Paru* « le Riche ou le Grand Paru, » et qui unissent leurs eaux, vers les 10° 30' de latitude méridionale, pour les confondre ensuite dans l'*Ucayali*, qui est un des principaux affluents des Amazones. Or, deux rivières du nom de Paru, font précisément *un pluriel* et donnent le *Paru-im* des Hébreux. Mais ce Paruim que nous venons de désigner n'est pas unique : c'est qu'en effet, vers l'embouchure nord du fleuve des Amazones, se trouvent les monts Paru (Parou) et une rivière du même nom, qui descendent des grandes montagnes de Tumucuraqué ou Tumucumac, frontières des Guyanes françaises et brésiliennes. Or, ces montagnes sont aurifères. Dans l'histoire de la conquête du fleuve des Amazones par les Portugais, on raconte qu'à leur approche du mont Paru, les indigènes y enterrèrent une grande quantité d'or qu'ils possédaient. Ainsi tout porte à croire que la station des vaisseaux de Salomon et d'Hiram, était auprès de la rivière et des monts Parou et que c'est là le véritable Paruim qui approvisionnait d'or le palais de Salomon. Voilà donc un des lieux bibliques indiqué et découvert par nous. Si nous avons précédemment signalé les deux rivières Paru et Apu-Paru c'est qu'elles descendent de la province de Carabaya, qui est la plus aurifère du Pérou et voisine des sources du rio *Béni* (des Tribus).

L'on ne doit point croire, malgré un rapprochement de noms, que *Pérou* vienne de *Paru* (Parou). L'empire des Incas portait le nom de *Tahuan-tin-suyu*, c'est-à-dire « les quatre pays unis. » Le nom de Pérou est moderne ; Pizarro, abordant pour la première fois cette partie du nouveau monde, arriva au cap *Piru*, situé sur le pacifique, entre le 8ᵉ et le 9ᵉ degré de latitude méridionale ; il donna au pays qu'il venait de découvrir le nom de *Biru* (Birou), et on en fit *Piru* (Pirou) et plus tard Pérou ; ces noms figurent dans les manuscrits et les imprimés des deux premiers siècles qui suivirent la conquête du Pérou.

Montésinos, l'un des chroniqueurs espagnols, à cause de l'abondance de l'or qu'on retirait du Pérou, supposa que le Pérou pouvait être l'Ophir de la Bible. Mais nous ferons remarquer que Ophir n'est pas sur le territoire du Pérou, mais dans les possessions brésiliennes et colombiennes. Paru semble être contracté de l'ancien égyptien *pa-aru* « la rivière ; » Paru signifie « rivière » chez les Mayorunas de la Haute-Amazone.

Quant aux rivières Paru et Apu-Paru, elles limitent au Sud et à l'Ouest un ancien empire du nom de *Inin* et qui est aujourd'hui à l'état légendaire : il est signalé sur les cartes de quelques missionnaires, parmi lesquelles la plus détaillée est celle du P. Sobréviéla. En Kichua *inin* signifie « il a la foi, il est croyant. » Ainsi, l'empire d'Inin est bien « l'empire du Croyant ou de la foi. » Cet empire est borné au Sud par le rio *Beni*. בְּנִי *Beni* est un nom hébreu et arabe, qui a pour signification « fils, gens de secte ou de tribu. »

Mais voici une remarquable coïncidence se rapportant aux noms de Inin et de Beni : c'est que le fleuve des Amazones, depuis l'embouchure de l'Ucayali jusqu'à celle du rio Negro, porte encore le nom de la tribu des *Solimoens;* ce n'est ni plus ni moins que le nom corrompu de Salomon donné au fleuve des Amazones par la flotte du grand roi qui en prit possession : l'hébreu שָׁלוֹם *sàlom* ou *solom* signifie « pacifique ; » ajoutant à ce substantif les suffixes ה, ו, ou la syllabe וֹן, on a les noms usités de Salomoh, Salomo et Salomon. Salomon en arabe est *Soliman*. Or, les chroniqueurs de la conquête du fleuve des Amazones rapportent, qu'à l'Ouest de la province de Para existait une grande tribu du nom de *Soliman* (1), nom que portait le fleuve ; car en Amérique les cours d'eau prennent

(1) Le Dictionnaire géographique universel, par Piquet, écrit *Soriman ;* mais en portugais, on dit indifféremment Solimao, Solimoes, Solimoens, Sorimoes, parce que dans les langues américaines les lettres labiales L et R s'assimilent constamment : on peut voir ces différences dans le vocabulaire *tupi*, par Martius, page 525.

les noms des tribus qui les habitent. Les Portugais en ont fait aussi *Solïmao* parce qu'ils ont la coutume de remplacer l'*n* final par la voyelle *o*. Ne devient-il pas de plus en plus évident que la flotte de Salomon régnait en souveraine dans les eaux des Amazones, et que c'est elle qui fonda l'Empire des Croyants ou de Inin? Cette colonie hébraïco-phénicienne eut une durée temporaire assez longue; car les voyages triennaux des vaisseaux de Salomon et d'Hiram se renouvelèrent plusieurs fois; elle ne fût probablement abandonnée à son sort que sous le règne de Josaphat, roi de Juda, époque où les Carthaginois tout puissants, ne permettaient à aucune autre nation de sortir de la Méditerranée. C'est pourquoi Josaphat voulut faire partir de la mer Rouge pour ces mêmes parages une flotte équipée conjointement avec Ochosias, roi d'Israël; mais une tempête effroyable la détruisit complétement.

Passons à Ophir, lieu si vanté pour ses richesses. Nous devons rappeler que des philologues ont cru pouvoir faire prévaloir le nom de *Abiria*, pour avoir été l'Ophir de la Bible. Mais nous porterons notre attention sur les faits suivants. D'abord le nom de Abiria est la traduction latine du nom grec *Sabéiria* Σαβειρια, pris dans la géographie de Ptolémée, Liv. VII, chap. I. La licence du traducteur est aussi grande que blâmable; en second lieu, Sabéiria se trouvait située dans la partie occidentale de l'Inde qu'on nommait Indo-Scythia. Mais il est reconnu que l'Inde, particulièrement sa partie occidentale, *ne produisit jamais de l'or* au commerce; tandis qu'au contraire les Égyptiens et les Arabes y apportaient leur or, *pour l'échanger* contre des tissus de laine et de coton. Ainsi l'hypothèse que Sabéiria fut l'Ophir de la Bible tombe d'elle-même.

M. Etienne Quatremère, dans son *Mémoire sur le pays d'Ophir* (1), dit que le nom d'Ophir est resté inconnu aux écri-

(1) Mémoires de l'Académie des Inscriptions et Belles-Lettres, T. XV, 2e partie.

vains grecs et latins ; il réfute les hypothèses des divers savants et géographes qui ont traité cette question; il n'admet point qu'Ophir ait été placé dans le Golfe Arabique, dans l'Arabie-Heureuse ou dans quelque partie de l'Inde ; il n'admet pas même qu'il pût être à Ceylan, à Sumatra, à Bornéo, ou sur d'autre point de l'extrême Orient, par la raison toute simple, dit-il, que les vaisseaux de Salomon et d'Hiram mettaient *trois années* à chaque voyage. Mais M. Qûatremère tombe lui-même dans l'erreur de ceux qu'il combat, puisqu'il place Ophir à *Sofalah* sur la côte orientale de l'Afrique. On ne saurait admettre que la navigation des flottes partant de la mer Rouge ou de la Méditerranée pour Sofalah, aurait été plus grande que celle des îles de l'extrême Orient ; les voyages de Sofalah n'expliqueraient donc pas les trois ans de chaque absence des vaisseaux des deux rois. Cependant, à l'appui de son hypothèse M. Quatremère n'hésite point sur les moyens : c'est ainsi que ne trouvant pas les paons en Afrique, il veut que les oiseaux nommés *tukiim* dans la Bible, soient des perruches ou des pintades. L'argumentation de M. Quatremère est donc faible et ses hypothèses sans fondement ne donnent aucune vraisemblance à l'existence d'Ophir dans la contrée de Sofalah.

Pour se rendre compte de ce qu'était Ophir, il faut rechercher la signification de ce nom ; mais, avant tout, il est nécessaire de s'assurer comment il est écrit en caractères hébreux. Dans le chap. X du livre I, des Rois, v. 11, il se trouve écrit en langue hébraïque de deux manières, אפיר *Apir* et אופיר *Aupir* (Auphir). Dans le chap. IX des Rois, v. 28, ce nom est écrit אופירה *Aupira*, féminin de Aupir. Mais *Apir* a aussi droit à son féminin Apira : or, nous avons *hi*, *i* ou *y*, eau, rivière, dans tous les dialectes des tribus des Amazones et *Apura* pour *Apira* : d'où *I-Apura*, la rivière d'Apura, ou mieux d'Apira. L'*I*-Apura est un grand affluent des Amazones ou du rio Soliman. Les changements de voyelles et leurs transpositions sont choses fréquentes : par exemple le kichua *yura*

« feuillage, » fait en basque *urya;* un vase, en kichua, *kiràu*, en chaldéen, *kiura;* marmite, en kichua, *paila*, en persan, *piala;* en kichua l'air, *huayra*, fait en lapon *huiro*, en géorgien *haïri*, en chaldéen *haiar*, en syriaque *oyar*, en grec et en latin *aer;* le nom de nombre un, en kichua *huc*, en hindoustani *hec*, en bulgare *hic*, en télugu *hac;* langue, en kichua *kalu*, en mongol *kélé*. Ainsi, les exemples de permutations et de substitutions de voyelles n'altèrent point la signification des mots, et rien ne s'oppose à ce que Apira ou Aupira de la Bible ne soit venu du nom de rivière Iapura. Ce dernier nom est composé de I qui signifie « eau » (1) et de *Apura* qui est le nom de *Apira* féminin de *Apir*, « eau ou rivière d'Apir ou d'Aupir dont on a fait Ophir. » Ce lieu célèbre est donc trouvé et clairement désigné, et, malgré une distance de 2890 ans, ce nom n'a souffert que l'altération d'une voyelle, *Iapura* au lieu de *Iapira*, et cela au milieu de peuplades sauvages. Dans son « Voyage au Brésil et aux Amazones » M. Agassiz écrit *Hyapura*.

Nous venons de démontrer que, dans le chap. X des Rois, liv. I, l'hébreu Auphir ou Ophir est *Apir*. Or, ce terme appartient à la langue Kichua, et les travailleurs de mines de toute la cordillère des Andes et du bassin supérieur des Amazones portent le nom d'*Apir* ou d'*Apiri* et dans quelques lieux *Yapiri*. Voilà donc l'origine de l'*Aupir* hébreu, ou de l'*Ophir* du texte latin. Gesenius signale le nom de *Apuro*, comme en usage dans les endroits de l'Arabie où il y a beaucoup d'or natif. Il est évident que la désignation de *Apuro* transportée chez les Arabes, se rapproche infiniment de *Apura*. Pour préciser davantage le district même d'Ophir, revenons à la rivière de I-Apura et voyons-la sur la carte. Sur sa rive gauche est indiquée une

(1) Dans les dialectes du bassin central des Amazones, l'eau et la rivière sont toujours *hi, hy, í, y, yg, ig, igh, yh, hu, u,* etc. Nous devons faire observer encore que dans l'hébreu les lettres P et PH sont représentées par le même caractère.

montagne, elle est aussi sur la carte du P. Fritz, autrefois missionnaire dans ces parages(1). M. de Lacondamine se servit de cette carte dans son voyage des Amazones, et, dans sa Relation, il dit, en parlant de cette montagne, qu'*elle contient une prodigieuse quantité d'or*. Il en sort la rivière *rio del oro*, dont le nom indigène est *ikiari;* ce nom est en hébreu *ighiari*, de יְגִיעַ *ighia*, labor, opes, divitiæ, travail, richesses, et de רִי *ri*, irrigatio; c'est précisément l'indication du travail du lavage de l'or, au moyen de canaux dans lesquels on fait des courants d'eau. Ikiari, pourrait à la rigueur, être un dérivé de l'hébreu יָקִיר *ikir*, ce qui est précieux. Le Iapura descend des riches montagnes du Popayan, province de la Colombie; et l'un de ses affluents aurifères porte le nom de מַעֲשִׂי *Masaî*, *bona*, les profits, richesses, ce que rapporte le travail.

Les Hébreux donnaient le nom de *Masaroth* aux trésors consacrés. Sur les cours d'eau du Iapura, existe une grande chute d'eau, que les espagnols nommaient « *el salto grande* ; » mais dont le nom conservé chez les indigènes est *Oacarit;* hébr. הוָֹה *oa*, casus adversus, ce qui contrarie; עָכַר *acar*, affligens, conturbans, qui attriste, trouble, émeut, et רְאִית *rith*, féminin de רְאִי *ri* adspectus, spectaculum, visio, aspect, spectacle. Par cette étymologie dont les trois termes concordent entre eux, l'on voit l'expression de la grande chute dont l'aspect cause de l'émotion : cette cascade est la deuxième que l'on rencontre en remontant le cours du Iapura. Au dessous est le rio Ira : hébr. יָרָה *ira*, fundavit, fundamentum posuit, collocavit lapidem : c'est justifié par une narration de M. Alexandre Sabattini, qui a vu près de la deuxième cascade une inscription gravée ayant plusieurs lignes. M. Sabattini, que je connais personnellement, est établi depuis bien des années au confluent des rivières Huatiparana, Manhana (Maniana), et Iapura; il trafique avec les peuplades riveraines et il

(1) Cette carte est déposée à la Bibliothèque Impériale, à Paris.

est le seul européen ayant accès chez les antropophages qui occupent la partie haute du Iapura. M. Sabattini n'a pas relevé l'inscription qu'il m'a signalée; mais il a remarqué que ses caractères lui sont inconnus et qu'ils sont arrondis à leur base. Le mystère d'Ophir y est peut-être expliqué. Au dessous est le rio Aora; hebr. הוֹרַי *aoràï*, montagnes : rivière qui vient des montagnes. Plus bas, à la rive droite, est le rio Ipo, en kichua rosée, pluie fine; en hébr. יְפָעָה *ipoh*, ce qui est beau. En face de son embouchure est la peuplade Mirana ; hébr. מֵרֵעָה *mira*, socius, amicus, ami, et נָאָה *nâh*, sedes, domicilia hominum, demeures d'hommes amis. En descendant, rive droite, est la rivière Mata ; hébr. מַטָּה *mata*, la tribu ; en face, rive gauche du Iapura est la peuplade Manacarou; hébr. מָנָה *mana*, institutus est, constitutus est, est établi, קַר־רוּחַ *car-rouh*, quietus animo, tranquillement. Rive gauche, le rio Arapi, qui traverse le Mont Couppati. Le nom de Arapi est contracté de *Ara-api;* hébr. עָרַע *ara*, médiocre, pétit, rabougri, et עֲפִי *api*, aspect d'arbres : ce qui est naturel dans un sol montagneux; mais Arapi peut-être aussi formé de אָרַח *âra*, migrans, émigrant, פִּי *pi*, pars, portio, partie : portion émigrante. La montagne de Couppati constitue sur le Iapura le premier rapide qu'on rencontre en remontant la rivière depuis son embouchure; hébr. קוּף *coup*, circuire, entourer, פְּתָחַי *pati*, domus, demeure; celà indique un lieu entouré d'habitations, sans doute le siège des mines ; car c'est de cette montagne que sort la rivière aurifère d'Ikiari ou d'Ighiari, signalée pour sa très grande richesse par Lacondamine, et que les Espagnols appelaient *el rio del oro*. Nous avons ci-dessus donné l'étymologie d'Ighiari. Descendant le courant du Iapura, à droite, on arrive au rio Catuaiari, du Kichua *catu*, marché, hébr. הַיְּעָרִי *aiari*, *sylvœ*, de la forêt. Plus bas, rive droite, on atteint le rio Tanaua; hébr. תַּן *tan*, grand serpent, selon Bochartus, et עָוָה *âua*, qui se tord et détord. Plus bas, sur la rive gauche débouche le rio Ioui; hébr. יְעוֹ *iou*, et c. suff. *ioui*, trésor. En cotoyant la même rive, on trouve le rio Huapiri : *hu*, eau, rivière, en tupi, et le Kichua *apiri*, travailleurs aux mines : c'est la rivière des mineurs.

Rive droite, R. Marimari ; hébr. מַר *mar*, c. suff. מָרִי *mari*, tristis, lieu triste : ce terme redoublé indique, selon l'usage indien, le superlatif, *très triste*. Rive droite, R. Miriti ou Muriti ; c'est le nom d'un palmier, en langue *tupi*. Rive droite, R. Manapiri, terme contracté du Kichua *mana-apiri*, pas de mineurs ; rivière sans travailleurs aux mines. Plus bas est Huatiparana, canal de communication le plus occidental entre le Iapura et le fleuve des Amazones ; étym. *Hu*, en tupi, eau, hébr. חַטָּאִי *hati*, delictum, délit et le délinquant, et *parana*, en tupi, rivière : c'est donc la rivière du coupable. En face de la ville de Fonteboa est un second canal de communication, nommé Manhana (Maniana) et sur la rive gauche du Iapura, en face de l'embouchure du Manhana, est la peuplade de Maripi, nom qui en indique le caractère ; car l'hébreu מְרִיפִּי *maripi* est formé de מְרִי *mari*, rebelle, contumace, et de פִּי *pi*, pars, partie. Quant au rio ou canal de Manhana, son étymologie est dans l'hébr. מְעָנָה *manâh* repousser, empêcher, et נָאָה *nâh*, la résidence : ce terme signifie aussi contradiction. Manhana, selon M. Sabattini, dans le dialecte des indigènes, est ce qui repousse ; et ils attribuent le nom de Manhana à son courant rapide. M. Sabattini prononçait *Maniana* : si c'est le vrai nom, son étymologie est אֳנִיָה *ania*, navire ; au génitif מְאֳנִיָה *mania*, de navire, et נָאָה *nâh*, résidence, refuge, station (port) : Maniana aurait été un lieu de station pour les navires. Le troisième canal de communication est le rio Huranapou ; étym. *hu*, eau, en tupi, hébr. רְנָה *rânâ*, bruit, פֹּהוּ *pou* ou פֹּה *po*, in hoc loco, en ce lieu. A l'Orient de ce canal est la grande embouchure du rio I-Apura, en face des villes de Nogueira et de Teffé situées sur la rive droite du fleuve des Amazones où débouche le rio Teffé.

Nous reprenons notre narration à partir du Huranapou,

parce qu'en face de son embouchure s'ouvrant dans le Iapura, commence sur la gauche de cette grande rivière, un immense canal, déversoir naturel, qui, pendant plusieurs degrés, court parallèlement au rio Amazonas ; et l'on donne à ce déversoir le nom de Codaya. La lettre C permutant avec G, on a l'hébr. גָּדָה *godâ* ou גָּדַע *gôda*, secuit, incidit se, fractus est, irrupit, coupa, se brisa, fit irruption, et יָה *iâ*, ce qui exprime l'étonnement : d'où il résulte que le rio Godaya doit son existence à une grande rupture ou crevasse du sol et, en plus de son débouché principal qui est le plus oriental, il possède quatre canaux de communication avec le fleuve des Amazones. Le plus rapproché de la rive gauche du Iapura est le rio Huanana : *Hu*, en tupi, eau, hébr. עֲנָנָה *ananâ*, brumeuse. Le canal suivant est Copéia ou mieux *Coppéia*, car, hébr. כַּף *cop*, goulot, goulet, et פֵּיָה *péia*, entrée, ouverture. Vient ensuite le canal Iacara. Ce nom semble être corrompu de *Jacaré*, en tupi, crocodile ; mais nous lui opposons l'hébreu יְקָרָה *iakarah*, magnifique et tranquille. Le canal suivant est le rio Taninga ; hébr. תַּנִּין *tanin*, serpent(d'eau), appelé en kichua *mama yacu*, la mère des eaux, et גָּאָה *gah*, ingens, très grand, énorme : or, dans ces parages amazoniques, il y a des serpents d'eau qui atteignent jusqu'à vingt mètres de long. Le rio Codaya a donc cinq sorties sur les Amazones et par lesquelles on peut pénétrer dans le Iapura ; tandis que le Iapura, possède à la rive droite trois autres sorties ; si l'on compte la grande embouchure de cette rivière, on y a accès par neuf entrées : ce qui devait causer aux phéniciens des difficultés pour se rencontrer dans un tel labyrinthe de canaux. Que le lecteur veuille bien jeter les yeux sur notre carte du Iapura, ils pourront se faire une idée de la région d'Ophir. Les étymologies que nous avons données et nos démonstrations sur le Iapura ; nos explications en ce qui concerne les voyages triennaux ; enfin ce que nous allons dire sur Tarschich et Parvaïm et sur les rivières affluentes de la Basse-Amazone, pourront, nous l'espérons, convaincre de la vérité de notre découverte.

Cette série de noms phéniciens dans la région du rio Iapura et de ses divers aboutissants, dans un centre très aurifère, vient à l'appui de la démonstration que nous avons faite pour prouver que le rio *I-Apura* est *Apira*, féminin de *Apir*. Les divers voyages triennaux des flottes combinées de Salomon et d'Hiram, *à l'exception d'un seul*, ne se rapportent point à Ophir; car la Bible enseigne que le but de leurs expéditions était Tarschich. David, père de Salomon, recevait des phéniciens l'or d'Ophir; mais, lorsque celui-ci eut fait construire sa flotte à Ésion-Gaber, dans la mer Rouge, pour la faire sortir, il demanda des marins à Hiram avec lequel il avait fait alliance. Hiram avait sa flotte dans la Méditerranée, à Tyr et à Joppé (Jaffa); et celle-ci sortant de la Méditerranée fut rejointe par la flotte de Salomon qui doubla le cap africain; et après le voyage unique qu'elles firent conjointement à Ophir, ces flottes prirent le nom de *Flotte de Tarschisch*. Diverses causes semblent avoir motivé l'abandon d'Ophir. D'abord, le nombre des embouchures conduisant dans le I-Apura, lesquelles devaient causer des confusions dans cette navigation fluviale; secondement, le séjour du I-Apura était très-insalubre, comme l'ont constaté les espagnols et les portugais; troisièmement, en explorant plus à l'ouest le cours des Amazones, les Phéniciens et les Hébreux y trouvèrent beaucoup d'or fin; quatrièmement, en amont du fleuve, ils avaient un bon climat; cinquièmement, en se rapprochant du voisinage des Andes, ils tiraient de chez les Kichuas, peuple à demi-civilisé et laborieux, des ressources pour leurs équipages; enfin, dans cette région du bassin supérieur des Amazones, ils trouvaient beaucoup d'objets que les flottes apportaient à Joppé, pour Jérusalem, et dont les noms qui sont dans le texte hébreu de la Bible, appartiennent à la langue des Kichuas, comme on le verra plus loin.

La disparition des flottes de Salomon et d'Hiram, pendant trois ans, à chaque voyage qu'elles faisaient, se trouve à présent expliquée, puisqu'elles stationnaient et opéraient dans le fleuve qui prit le nom du grand roi des Israélites. Si ces longs stationnements, plusieurs fois répétés, avaient eu lieu sur quelque point de l'ancien continent, l'histoire ou au moins la tradition, n'aurait pas manqué de le transmettre. Nous venons de dire qu'en se rapprochant des Andes habitées par les Kichuas, l'or fin était très abondant dans les rivières ; et nous, qui avons passé plusieurs années dans la Haute-Amazone, nous savons que pendant deux siècles les espagnols y procédèrent au lavage de l'or : son abondance ne semble point avoir beaucoup diminuée ; car, aujourd'hui dans certaines parties que nous connaissons, un indien avec un plat de bois, peut recueillir de quarante à soixante francs d'or fin, par heure. C'est évidemment cette région qui au temps de Salomon reçut le nom de תַּרְשִׁישׁ Tarshish (Chuint) et dont l'étymologie est prise dans la langue Kichua. En effet, *Tar-shish* vient de *tari* « découvrir, » *chichi*, « recueillir l'or menu. » Les indiens appellent cette opération *chichiy*. Tarshish est donc le lieu ou l'on découvre et recueille l'or fin, par le lavage des sables. Ce nom n'a point son étymologie dans aucune autre langue que dans le Kichua. Pour *se rendre à Tarshish*, la Bible dit, que le prophète Jonas s'embarqua à Joppé (Jaffa) : ainsi, c'était pour entreprendre la navigation de l'Atlantique ; car, dans le cas contraire, il se serait embarqué dans la mer Rouge.

Voici ce que dit le verset 22 du chap. X des Rois : « En mer, il y avait pour Salomon une flotte de Tarshish, *avec* la flotte d'Hiram. Une fois, chaque trois ans, venaient les vaisseaux de Tarshish, apportant de l'or, de l'argent, de l'ivoire, des singes et des paons. » Les Paralipomènes, liv. II, ch. IX, v. 21, confirment ces voyages triennaux, dans les mêmes termes.

Nous ferons remarquer que le voyage d'Ophir, sous Salomon, ne lui rapporta que 420 talents d'or, d'après le chap. IX du liv. I des Rois, et que les Paralipomènes, liv. II, chap. IX,

v. 10, complètent ce récit en disant : « Les serviteurs d'Hiram et de Salomon, qui apportèrent l'or d'Ophir, apportèrent des *algum* et des pierres précieuses. » Les bois nommés *algum* durent nécessairement être débarqués à Joppé, qui est très proche de Jérusalem. Le chap. X, v. 11 du liv. I des Rois dit : « Et *aussi la flotte d'Hiram* qui apporta l'or d'Ophir, importa une grande quantité d'arbres *Almug* et des pierres précieuses. Nous ferons observer que dans ce voyage les flottes alliées rapportèrent d'Ophir deux sortes de bois, les *algum* et les *almug*.

Si l'on résume ce qu'ont dit les commentateurs du nom de Tarschisch, il y en a qui ont supposé que ce nom signifiait *la mer;* d'autres ont cru que ce pouvait être *Tarsus*, ville de la Cilicie ; les uns ont désigné *Carthage* et les autres *Gadès ;* mais tous ces lieux indiqués ne produisaient pas d'or, pas d'argent ni de pierres précieuses, pas plus que des paons et des singes. Il y en a qui ont soutenu que Tarschisch ne pouvait être que sur la côte des Indes orientales, ce qui est visiblement impossible, puisque Jonas, pour s'y rendre, loin de s'embarquer dans la mer Rouge, alla s'embarquer à Joppé, et que d'ailleurs la flotte d'Hiram sortait de la Méditerranée. Enfin, d'autres commentateurs ont dit que Tarschisch pouvait être un port de la côte occidendale de l'Afrique ; mais l'Afrique n'a pas de paons ; et les plus hardis ont admis que ce pouvait être *une île de l'Océan*. Ces derniers ont approché un peu plus de la vérité, mais ils n'ont pas osé faire traverser complétement l'Océan à des flottes bien équipées, qui sortaient cependant pour accomplir des voyages de trois années. Indépendamment des preuves de navigation des phéniciens que nous avons déjà données, nous profitons de cette occasion pour rappeler à tous ceux qui sont sous l'influence d'une idée aussi erronée sur la traversée de l'Océan, qu'en 1867, des Américains l'ont franchi dans sa plus grande largeur, les uns *avec un canot* et d'autres *sur un radeau*, depuis New-York. Or, il suffit de jeter les yeux sur un planisphère pour se convaincre que du Cap-Vert au Brésil la distance est moitié de celle qui existe entre New-York et les îles Britanniques.

L'ensemble des faits qui se rapportent à Tarschisch le placent autant que son nom même, dans le voisinage des Andes, à l'Ouest d'Ophir et dans la partie la plus riche du bassin des Amazones.

Examinons maintenant quelques-uns des noms des objets que rapportaient les vaisseaux de Salomon et d'Hiram de leurs voyages triennaux; car, excepté l'or, l'argent et les pierres précieuses, connus des Hébreux avant ces voyages, les autres articles importés à Jérusalem y arrivaient *avec des noms appartenant à une langue étrangère;* et ces noms étrangers étaient évidemment du lieu de la provenance des articles importés. Parlons d'abord des bois précieux et odoriférants qu'on a cru être le sandal: Dans le livre I des Rois, chap. X, v. 11, il est dit que *les navires d'Hiram* apportèrent de l'or d'Ophir et une grande quantité d'arbres d'*almug*, nom dont le pluriel est *almughim* אַלְמֻגִּים. Almug peut avoir sa dérivation du terme hébreu *ala* אֵלָה « bois dur, » et du terme kichua *mucki* « odorant, » « odeur, » et dont le verbe est *muka* « sentir ; » ou bien son étymologie est dans les deux mots kichua *alli* « bon, excellent, » et *mucki* « odorant ou odeur. » Almug est donc un « bois dur et de bonne odeur : » ce fut de ce bois, suivant la Bible, que Salomon fit faire les colonnes du temple de Jérusalem. Il paraît que les navires tyriens furent les seuls qui apportèrent de ce bois; nous pouvons affirmer qu'il y a beaucoup de bois durs, des bois de fer, dans la Haute-Amazone, ainsi que d'autres bois très odoriférants. Dans le livre des Paralipomènes, chap. IX, v. 10, on lit : « Les serviteurs d'Hiram et de Salomon, qui apportèrent l'or d'Ophir, apportèrent des *algum* et des pierres précieuses, » d'où il résulte que cette dernière sorte de bois fut apportée par les deux flottes. Dans le texte hébreu, on dit au pluriel *algumim* אַלְגּוּמִּים, et ce nom n'ayant pas été compris par les commentateurs, ils l'ont traduit en latin par *ligna hebeni, ligna thyina* et *ligna corolliarum*. Son étymologie est dans l'hébreu *ala* אָלָה « bois » et dans le kichua *gumu* « courbe ; » ou bien dans les termes kichua *alli* « bon, » *gumu* « courbe » : les algum ou algumim sont donc « les bois courbés. » L'emploi des *almug* pour les piliers nous explique celui des *algum* pour les arceaux entre ces piliers et pour les voûtes du temple.

Le célèbre philologue Max Muller dit qu'un des nombreux noms donnés au sandal, en sanscrit, est *valguka*. Ce valguka, dit-il, est clairement le nom que les marchands juifs et phéniciens ont corrompu en algum et que les Hébreux ont changé en almug. S'il en eût été ainsi, le texte hébreu ne lui aurait donné que le nom adopté par les Hébreux. En rapprochant ce terme sanscrit des étymologies vraies et expressives d'*almug* et d'*algum*, tirées du kichua *al'mucki* et *al-'gumu*, le valguka de Max Muller n'est pas admissible et n'a pas reçu les deux transformations qu'il suppose ; d'ailleurs, malgré sa science sanscrite, il ne pourra jamais trouver Ophir ni l'or d'Ophir à Malabar, cette partie de l'Inde qu'il indique ; notre démonstration l'a déjà prouvé.

La flotte de Tarschisch portait aussi à Salomon des oiseaux nommés *tuki*, au pluriel *tukiim* תֻּכִּיִּים : c'est ce nom qu'on a généralement traduit par *paon*. Nous ferons remarquer d'abord que l'Amérique équatoriale possède plusieurs variétés de paons et de dindons ; ils en sont originaires et ils y sont à l'état sauvage : la *dinde* tire son nom de l'*Inde* occidentale, qui est l'Amérique. Nous nommons ici ces deux sortes d'oiseaux, parce que les uns et les autres ont la même façon d'être, qu'*ils se gonflent avec orgueil*, étalent leur plumage et font la roue.

Quiconque a vu les dindons faire la roue, sait qu'en ce moment *tuk* (touk) est un bruit un peu étouffé et tout particulier que font ces oiseaux pour se faire admirer. Eh bien ! ce *tuk* est précisément l'origine de *tuki*, terme kichua, qui signifie

« gonflé d'orgueil, orgueilleux. » Les dindons et les paons sont les oiseaux orgueilleux, ou simplement *tukiim* « les orgueilleux » comme les appelle la Bible. Parmi les variétés de paons de l'Equateur et de la Guyane se trouve celle que dans ces pays l'on nomme *ocko;* or, par un rapprochement singulier dans l'épithète d'orgueilleux tirée de *tuki*, nous trouvons semblablement que le grec *ogkos* « orgueilleux, » est aussi tiré du paon américain *ocko*. Ce petit détail n'est pas sans intérêt, car il existe beaucoup de mots de la langue grecque dans celles de l'Amérique, particulièrement dans le kichua.

En présence de la vérité de notre étymologie, puisque le *tuki* biblique est un terme kichua, nous placerons celles de certains philologues que Max Muller a fait valoir; car ils ont supposé que *tuki* était dérivé de *tôgei* « ce qui pend, » terme appartenant à la langue tamoule; et ils ont encore supposé le mot *sigi*, qui s'éloigne davantage de tuki, et qu'ils ont essayé de faire dériver du sanscrit *sikkin* « crête ». Pour comble de l'invraisemblance, le docteur Gundert, qui s'est livré à l'étude des langues dravidiennes, s'applique à faire dériver *tôgéi* de *to* ou *tu*, et il ajoute arbitrairement pour seconde base *gnu*, afin d'arriver à former *tongu*, d'où il fait dériver *tongal*, mot tamoul qui signifierait « une queue de paon. » Que d'efforts, de combinaisons ingénieuses et de transitions forcées! Des philologues de réputation peuvent seuls se les permettre. Nous n'aurons jamais la hardiesse de donner de pareilles étymologies : heureusement que la netteté, la précision du kichua nous préservent d'un pareil écueil.

Dans ses *Lectures sur la science du langage* (1), le philologue Max Muller nous dit que les singes apportés à Salomon étaient appelés par les Hébreux קוֹף *koph*, dont le pluriel est *kophim* : il aurait pu lire *kop* et *kopim* (2); et il ajoute que ce nom

(1) Lecture V.

(2) Nous rappelons ici que, dans l'hébreu, le P et le PH sont la même lettre.

n'appartenait pas à leur langue et *qu'il n'a son étymologie dans aucune langue sémitique.* Avec Gesenius, nous ferons remarquer que le sanscrit et le dialecte de Malabar nomment les singes *kapi ;* ce qui est la véritable prononciation et le vrai nom. Mais les Hébreux n'ont pas été demander au sanscrit le nom des singes *Kap* et *kapim*, *qui arrivaient de Tarschisch ;* car le kichua *kapi* est « saisir fortement avec la main », action toute particulière que commet le singe à la façon de l'homme et qui l'impressione surtout. Cette origine de *kapi* et de *kapim* est de toute évidence américaine. Une pointe de l'île de Sainte-Catherine, près de la côte du Brésil, porte le nom de *Kapi ;* dans l'intérieur des Amazones, un de ses affluents qui débouche près de Para s'appelle *Rio Kapim* (rivière des Singes), et en remontant le fleuve on trouve l'île de *Kapim ;* on voit que la forme hébraïque s'est encore conservée dans ces noms (1).

Le philologue Martius, qui donne les étymologies de la langue Tupi (des Amazones), dit que *Caapym*, nom des grandes herbes, qui bordent les rivages, est dérivé de *caa* herbes et *pé* chemin. Mais il sait pourtant que les grandes herbes font obstacles à tout chemin et qu'il n'y en point. *Pim* ne peut provenir de *pé* : tandis que la désinence *im* est hébraïque. L'étymologie de Martius est donc invraisemblable. Quoi qu'il en soit *caapéym*, même contracté en *capim* n'infirme point la véracité de kapi et kapim pour la désignation des singes.

Parmi les objets précieux que les flottes de Salomon et d'Hiram rapportèrent se trouve l'ivoire, qui est désigné dans la Bible sous les deux noms de *Schèn-abim* שֶׁנְהַבִּים et de Karnot-schèn קַרְנוֹת שֵׁן. Max Muller fait encore observer que *abim* est sans dérivation de l'hébreu ; mais il suppose que ce mot pourrait être une corruption du sanscrit *ibha* précédé de l'article sémitique ; et avec cette hypothèse il pense que *abim* doit

(1) On peut les voir sur les cartes hydrographiques du commandant Tardy de Montravel et sur d'autres cartes encore.

avoir, comme *ibha*, la signification d'éléphant. On emploie en effet dans l'hébreu le mot *schèn* pour « dent. » Mais son origine peut être américaine ; c'est ce que nous voyons dans le bassin des Amazones, où, dans la langue *tupi*, qui est la langue générale du Brésil, « dent » s'exprime par *schan*, *schèn*, *shaina*, *shène* et *sahn ;* chez les Panos, on dit *schaina ;* en dialecte puri, on dit *scheh*. Mais si *schen* est d'origine hébraïque, sa présence chez les peuplades des Amazones est une preuve de plus que Tarschisch était dans ce fleuve et que les Hébreux y recherchaient l'ivoire fossile, qui est communément employé dans les arts. On a déjà découvert en Amérique six variétés d'éléphants fossiles. Quant à *abim*, ce n'est point une corruption du sanscrit *ibha :* c'est le mot égyptien *ab*. « éléphant, » mis au pluriel par les Hébreux ; il y a corrélation entre l'égyptien *ab*, *aba* et le kichua *apa* « porter » ; en égyptien *abah* ou *apah*, et en kichua *apa*, signifient « fardeau. » Le nom de l'éléphant, qui est l'animal porteur par excellence, peut avoir son origine autant dans le kichua que dans l'égyptien : d'ailleurs, rappelons qu'un grand nombre de termes kichuas sont dans l'ancienne langue hiéroglyphique des Egyptiens et que le Kichua, qui est la langue primitive, a passé d'Asie en Amérique.

Nous avons dit ci-dessus que, dans la Bible, l'ivoire est aussi nommé *karnotschèn* « corne de dent ». Une telle pauvreté d'expression donne à croire que le kichua joue encore ici le premier rôle. En effet, nous ferons remarquer que sous la première voyelle hébraïque de *karnotschèn*, on a placé le signe massoréthique qui donne au K le son de la voyelle *a ;* or, comme il nous est permis de rejeter ce signe de convention qui n'existe point dans l'ancien hébreu, nous avons la liberté de substituer l'*i* à l'*a*. Dès lors, au lieu de *karnotschan*, c'est *kirnotschan*. Dans ce cas, nous divisons ce terme de la façon suivante *kir-notschan*, dérivé du kichua *kiru* « dent » *notchischan* et par contraction *notschan* « qui est pointue » : *kirnot-*

schan « la dent pointue. » Ainsi, pour désigner l'ivoire, il n'est pas certain qu'aucun terme hébreu ait été employé. Les Hébreux purent voir à l'époque de leur servitude en Egypte et à Babylone des éléphants ; mais, dans la Judée, on en vit seulement 165 ans avant J.-C. : nous faisons allusion aux éléphants appartenant à Antiochus Epiphane, roi de Syrie, quand il vint livrer bataille au peuple juif, et dans laquelle le vaillant Eléazar, l'un des frères de Judas Machabée, périt sous l'éléphant du roi.

En résumé, après nous être appuyé des historiens, pour démontrer que les peuples de l'antiquité naviguaient dans l'Océan et qu'ils connaissaient l'Amérique, nous venons de faire voir que *les termes étrangers* mêlés au texte de la Bible et qui désignent *les objets rapportés* par les flottes des deux rois, ont été pris dans la langue kichua de l'Amérique équatoriale et méridionale. Nous avons encore fait connaître que *des termes hébreux ou phéniciens transportés* dans cette partie de l'Amérique, se sont mêlés aux dialectes des indigènes et y sont conservés intacts. Cet échange de termes entre des nations des deux continents est la preuve que les Hébreux et les Phéniciens allaient au fleuve des Amazones, qui reçut de ces navigateurs le nom de Salomon. L'empire de Inin ou du Croyant, les positions indiquées de Parvaïm, Ophir et Tarschisch, les noms et les particularités qui s'attachent à plusieurs objets, localités et rivières, forment une série et un tel *ensemble de faits*, groupés *dans une même région*, que l'évidence de notre découverte est palpable, incontestable. Nous devons donc à la langue kichua et à l'hébreu, d'avoir retrouvé la route que suivaient, il y a bientôt 3000 ans, les flottes d'Hiram et de Salomon : c'est le kichua qui trahit le mystère de leur navigation et qui nous donne l'explication de leurs absences de trois années, par chaque voyage, en nous faisant connaître qu'elles stationnaient paisiblement dans les eaux des Amazones.

Nous avons fait connaitre Tarschich au point de vue de son

histoire. Mais, il peut être utile d'ajouter la petite description qui suit : En remontant le cours de la Haute Amazone, qui prend le nom de Maragnon sur le territoire péruvien, et qui est navigable pour d'assez grands navires jusqu'au pied des montagnes, on arrive au formidable rapide du Pongo de Mansériche. Ses eaux ressérrées dans un profond détroit de plusieurs kilomètres, en sortent avec un bourdonnement perpétuel. Ce bruit n'est autre chose que le souffle du vent occasionné par la compression des eaux et la violence du courant dans les flancs rétrécis du détroit. Il en résulte que tout le territoire situé au-dessous du Pongo est éternellement rafraîchi par une brise fort agréable et permanente, pouvant permettre l'installation d'une ville ou d'une colonie, exempte de moustiques ou de toute chaleur tropicale, quoique ce lieu soit situé près du quatrième degré de latitude méridionale. Les espagnols y avaient fondé la ville de Borja, au temps de leurs exploitations aurifères ; mais, elle fut détruite par une armée d'indiens Jibaros, qui vivent à l'intérieur des forêts.

En 1870, j'ai assisté à la tentative d'une reconstruction de la ville de Borja, où un million (de francs) fut dépensé en pure perte ; parce que le Gouvernement du Pérou fit évacuer la nouvelle cité et l'abandonna de rechef aux Jibaros, qui y mirent le feu.

Au-dessous de Borja, sur une assez grande étendue, les sables du Haut-Maragnon contiennent beaucoup d'or ; et ce précieux métal que charrie le courant du Pongo de Manseriche et provenant d'un grand nombre de ruisseaux et de petites rivières qui se jettent dans le lit du Maragnon supérieur au-dessus du détroit, vient se déposer dans la région de Tarschich dont nous avons donné l'étymologie, qui se trouve dans les deux mots kichuas *tari-chichi*, « découvrir-recueillir l'or menu. » Les grandes rivières de Napo, Pastassa, Morona et d'autres situées au-dessous du Pongo sont aurifères, dans leurs parties élevées ; mais pour ce qui est de Tarschich, qui est dans le

Maragnon, on ne peut tenter l'exploitation de l'or avec succès, qu'entre l'embouchure du Morona et le Pongo de Manseriche et seulement à l'époque des basses eaux. Cependant, hormis la chasse, les moyens d'existence y font défaut, et il faut se garder des surprises des sauvages ; il y a donc nécessité, si l'on voulait s'y établir pour le lavage des sables, arriver avec un personnel imposant et des approvisionnements de toutes sortes.

Pour la satisfaction de nos lecteurs, nous ajouterons en terminant quelques observations sur les Kichuas et leur langue. La migration de ce peuple d'Asie en Amérique est antérieure au déluge de quelques siècles, puisqu'ils ont participé à l'invasion des Atlantes, avant le cataclysme, sur le sol pélagique; en outre, au lieu d'écriture, ils se servaient encore sous les Incas, de *quipos* ou de cordelettes à nœuds, usage qui existait chez les Thibétains et les Chinois jusqu'au temps de l'empereur Fohi, 600 ans avant le déluge. Ces faits prouvent la haute antiquité de l'établissement des Kichuas dans les cordillères de l'Amérique équatoriale et méridionale et dans le bassin supérieur des Amazones. Ces cordillères sont nommées *Antis*, que nous traduisons par « Andes ». *Atlantis* est formé de deux mots égyptiens : *Atl* « pays » *antis* ou *anti* « hautes vallées ». La nation Kichua a été préservée contre les invasions et de toute destruction, par l'altitude considérable et l'âpreté du territoire qu'elle habite ; par mille lieux de forêts vierges qui la séparent de l'Atlantique; et, du côté de l'Occident, par de formidables montagnes et l'immensité du grand Océan. La langue kichua parlée encore par trois millions d'indigènes, ne s'écrit qu'avec peu de lettres et son cachet tout primitif a subi peu d'altérations. Le sanscrit, au contraire, s'écrivant avec 39 caratères, nous fait supposer qu'il s'est approprié en se perfectionnant, beaucoup de racines étrangères qui n'y existaient pas dans le principe et dont il a fallu conserver la prononciation : quoi qu'il en soit, une langue primitive ne peut avoir 39 caractères. Sous les Incas, la langue kichua a été parlée depuis le deuxième degré de latitude Nord jusqu'au trente-cinquième degré de latitude Sud ; et en largeur, c'est-à-dire depuis le Pacifique vers l'Orient, on ne la parlait guère au delà de sept cents kilomètres ; tandis que, dans les temps plus anciens, elle a été en usage le long du fleuve des Amazones jusqu'à quinze cents kilomètres du Pacifique au moins.

Finissons par une observation : Humboldt et Klaproth ont donné fort mal à propos la dénomination de *quichéenne* à la langue kichua ; en effet, un des dialectes du Mexique, qui porte le nom de *quiché*, n'a aucun rapport avec la langue des Antis ; et c'est au quiché mexicain, comme on le comprend bien, auquel devait être applicable l'expression de quichéenne.

RÉGION DU PARVAÏM BIBLIQUE.

VOIR SUR LA CARTE

LES NOMS DES TRIBUS ET AUTRES LOCALITÉS

DE LA GUYANE BRÉSILIENNE.

Les Guyanes françaises et brésiliennes sont séparées par les montagnes connues sous les noms de Tumucuraqué et Tumucumac. Tous les noms dont nous allons donner la nomenclature, existent sur la côte brésilienne, à l'intérieur et aux embouchures du fleuve des Amazones. Lesdites montagnes courent de l'est à l'ouest et ont une grande ramification du nord au sud jusqu'au fleuve, à l'endroit nommé Paru (Parou) que nous avons déjà fait connaître pour avoir été le port ou le mouillage de la flotte phénicienne.

Tumucuraqué (Montagnes de) : héb. תְמוּ *tumu*, ce qui est en quantité, en prospérité, כּוּר *cur*, fourneau pour fondre le métal, רַךְ *rac* et רַכֵּה *raké*, l'action de rendre mou ; ou רַקַּע *ragé*, l'action de battre le métal et de l'étendre en lames. Ce nom indique les travaux de mines des phéniciens.

Tumucumac (Montagnes de) : תָּמוּ *tumu*, grande quantité, כּוּם *cum*, accumuler, מְחַק *mak* = מָחָה ou מְחָא et c. suff. מַחֲאָךְ *maake* est battue, amollie, adoucie ; ou *tumu*, quantité abondante, כּוּמָז *cumaz* pour *cumacs*, globules d'or, pépites, ornements de femmes. Ce nom, comme le précédent, indique la quantité et l'espèce de métal (l'or) travaillé par les phéniciens.

Miripi : affluent de l'Oyapoc, sortant de la Guyane brésilienne : étymol. hébraïque, מְרִי *miri*, ennemi, פִּי *pi*, bord, rivage.

Copiri (rivière) : héb. קוֹף *kop*, faire des circuits, יָרֵה *iré*, arroser, inonder.

Huassa (riv.) : en tupi, *hu* eau, rivière, עָשָׂה *assa* labore produxit, rivière qui produit (de l'or) par le travail.

Gasipari (riv.) : גַּשְׁפָּא *gasipa*, ce qui est amolli, délayé, רִי *ri* inondation.

Conani (riv.) : כּוֹנַן *conan*, a bien ajusté, bien dirigé (parlant de tireurs de flèches), (voir כּוּן), נִי *ni*, gémissement, plainte, ou *ni* on s'est lamenté. Il est possible que *conani* soit le nom altéré de כְּנַעֲנִי *canani* les Cananéens, qui sont les mêmes que les Phéniciens.

Kalcuene (riv.) : héb. קָהָל *kal*, l'assemblée, קוּן *cun* chanta : d'où קִינֵן *cuenen*, chant triste, lugubre.

Maïcari (riv.) : מַיָּא *maïa*, מַי *maï*, eau, עֲכָרִי *acari*, trouble.

Mauara (riv.) : מַעֲוָרָה *maouara*, personne nue ; ou מְאַוָּרָה *maouara*, caverne.

Amapa (riv. et lac, avec un goulet pour y entrer), d'où : héb. אַמָּה *amâ*, bras (de riv.), פָּא *pa*, entrée, passage ; ou peut être אֻמָּה *amâ*, peuple, gens, פַּח *pah*, traître, qui tend des pièges ; ou encore פָּעָה *paah* qui vocifère.

Fréchal. Ce nom est portugais.

Tartamigal ou Dartamigal : héb. דַּר *dar*, perle, globule d'or, תָּם *tam*, c. suff. תָּמִי *tami*, intact, parfait, גַּל *gal* rivière.

Coluchâ (le même lac qu'Amapa) : héb. קוֹל, c. suff. קוֹלוֹ *colou*, voix, clameur, שָׁאָה *châh* qui est tumultueuse, qui s'élève avec force : (se rapporte à *amapaah* ci-dessus, « gens qui vocifèrent »).

Maraca (Ile) : cette île forme le cap nord des bouches du fleuve des Amazones et est séparée, par un détroit, de la Guyane brésilienne ; elle a pu servir aux phéniciens pour s'y établir et dominer la terre ferme : en effet, Maraca est l'hébreu מַעֲרָכָה *maraca* dont les significations diverses sont : « ordre, disposition, instruction, construction, fondation, action, transformation, direction et le latin apparatus, acies instructa, exercitus. Les phéniciens y aurait eu des troupes, une fabrique d'armes ; Maraca a un dérivé מַעֲרֶכֶת *maracat* et un pluriel *maracatim*, conservé dans la langue tupi et dont les significations sont : « navires armés en guerre, grands bruits d'armes et sonnerie. »

Turruri (petite île) : elle est située au sud-est de l'île de Maraca à l'entrée du détroit de ce nom : héb. תוּר *tour* être entouré, רוּר *rour*, bave, écume, רִי *ri* inondation.

Aragoari (rivière et lac) : leurs eaux se jettent dans le détroit de Maraca : héb. אֲרַק *araq* terre, גּוֹחַ *goah*, prorupit, erupit (de flumine), a rompu, fait irruption, רִי *ri* inondation : ce qui se traduit : « inondation de la terre par suite d'une irruption du fleuve.

Secorropé (rivière) : elle se jette dans le détroit de Maraca : héb. שִׁכּוֹר *secor*, l'ivrogne, רָפֵא *ropé* fut guéri. Or, quand un indien est mordu par un serpent, on l'enivre en attendant l'arrivée du sorcier et des remèdes. Il est reconnu que l'ivresse retarde l'action du venin. Le nom de Secorropé donné à cette rivière provient de ce que les phéniciens ont été témoins du fait que je viens de signaler.

Piratobal (rivière) : héb. פִּרְחָה *pirâh*, florere fecit, טָבַל *tobal* ou טבע *toba*, immersit, immergea et fit fleurir.

Ianauco (île) : héb. יְנַהוּ *ianaou*, ils ont opprimé, violenté, כֹּה *co*, ici, en ce lieu.

Jupâti (canal), יָעַף *iop*, s'est affaissée, פְּתְחִי *pâthi*, l'entrée : a donné son nom à une île et à une montagne que baignent ses eaux.

Gouriouba pour Qourioubal (rivière) : héb. קוּר *qour*, creuser,

יוּבָל *ioubal*, fleuve : en héb. les lettres C, G et Q ou K permutent.

Caviana (île) כָּוִיָה *cavîa*, tatouage, נָאָה *naa*=נָוָה *naua*, fut beau, orné.

L'île de Caviana est au milieu et en travers de l'embouchure nord du fleuve des Amazones ; c'est elle qui reçoit les assauts du terrible raz-de-marée, qui périodiquement vient de l'Océan, et elle sert de refuge aux navires qui s'abritent derrière elle. Ce raz-de-marée extraordinaire est connu sous le nom de Prorrorroca. La langue tupi ne fournit aucune étymologie pour ce nom ni qui puisse exprimer le phénomène de la Prorrorroca. Nous l'allons donc chercher dans l'hébreu ou phénicien.

Prorrorroca : héb. inf. פוֹר *por*, rompre, briser ; d'où פוּר *pour* et פָּרַר *poror*, est furieux, a brisé ; *poror*, par contraction est *pror* ; ou, si l'on aime mieux, vient d'un passif פֻּרֹר *pouror*, a été rompre, a été s'élancer contre, et par contraction, *pror* ; רוֹר *ror*, bave, écume ; רָקַע *roca*, a frappé, heurté (la terre). On voit que les trois termes *pror-ror-roca* expriment le phénomène du raz-de-marée en question.

Ioroupari (île) : héb. יַעַר *ior*, forêt, arbres ; conjonct. וּ *ou*, et, פְּרִי *pari* fruits : arbres fructifères.

Meschiana (île) : héb. מְשִׁיחָה *meschia*, frotté d'huile ; נָאָה *naa* fut orné, beau. On voit que celà se rapporte aux coutumes des habitants de l'île.

Indiens Paschuna : héb. פַּשׂ *pas*, jaloux, féroce, שֹׁנָא *shona*, qui émigre : nomade.

Macâcoari (rivière) : héb. מַכָּה *macâ*, coup, blessure, tuerie ; ce subst. est tiré du v. radical נָכָה *nâcâ*, frappa, tua ; כֹּחַ *coâ*, vigueur, force ; חֳרִי *hâri* ardor iræ, feu de la colère. Les trois termes macâ-coâ-hâri, qui signalent un évènement accompli dans l'île, ont servi à la formation de son nom.

Carâpanatuba (rivière) : héb. כָּרָה *cârâ*, fodit terram, creusa la terre, פָּנָה *pana*, se transforma et apporta, טוֹבָה *toba* ou *touba*, bona, beneficia, divitiae, felicitas, biens, richesses, bonheur.

Macapa (ville, capitale de la Guyane brésilienne) ; elle est située sur la rive nord du fleuve des Amazones : nom dérivé de מְחָא *mâh* percussit, כַּף *cap* manus, פַּח *pah* prœfectus : le chef a frappé, la main du chef a frappé.

Le coup du chef est une marque d'autorité : c'est encore en usage chez les Indiens. Il m'est arrivé qu'un porteur indien m'a présenté son bâton, pour que je lui donnasse des coups, avant qu'il se mit en marche et en m'affirmant qu'il m'obéirait avec plus d'entrain et de zèle.

Matapi (petite rivière); nom dérivé et altéré sans-doute de מְעַט *mat* paucus, paulus, exiguus, brevis, peu, étroit, petit, et de אָפִיק *apiq*, rivus, torrens, canalis, canal, rivière, torrent.

Anahuarapucu (rivière) : héb. עָנָוָה *anaua*, laborem impendit, agrum coluit, soumis au travail, et aussi oppressus est, est opprimé ; רַע *ra*, miser, infelix, malheureux ; פוּקָה *puco*, ce qui fait hésiter, empêchement.

Amana (affluent de l'Anahuarapucu) : héb. אֲמָנָה *amana*, qui mérite confiance, stable, continu, permanent. C'est aussi le nom d'une rivière, qui a sa source dans l'Antiliban et se rend à Damas. Autre étym. עַם *am*, tribu, peuple, עָנָה *ana*, qui est opprimé, affligé.

Huaoni (autre affluent) : *hu*, rivière, עָוֹן *aon*, c. suff. *aoni*, tortueuse, périlleuse, cause de malheur.

Mutuaca (rivière) : hébr. מוּתוֹ *mutu*, la mort, חָכָה *hâcâ*, est attendue ; il attendit ou désira la mort.

Apamas (indiens) : héb. אַף *ap*, visage, חָמָס, חָמַשׁ, *âmas*, colère, furieux, dur, belliqueux ; ou אַף *ap*, visage, פֶּחָם *pam*, braise ardente, עַז *az*, dur, cruel.

Cuzaris (indiens) : héb. קוּץ *kuz*, à craindre, עָרִיץ *ariz*, violent, cruel, inspirant la terreur.

Yari (rivière) : héb. יַעֲרִי *iaari* ou יַעְרִי *iâri*, silva, densa arborum, forêt, bois touffu.

Maracapuco (riv.) : héb. מַעֲרָה *marâ*, lieux nu, sans arbres, כָּאָה *caah*, tristis est, qui est triste ; et, par permutation, *buco* pour *puco* : héb. בָּכָה *boco*, qui est lamentable : d'où בְּכוּת *bocout*, deuil.

Tocri (riv.) תוך *toc*, vexation, tyrannie, קרי *kri*, occursus hostilis, hostilité.

Aramucu (riv.) : héb. אָרָה *ara*, collegit, rassembla, *mucu* (moucou), pour מָקוֹם *mocoum* lieu de station, ou *ara*, מוּג *mug*, diffluxit, dissolvit, dispersa, קָהו *kou*, caterva, grex hominum, la foule.

Paru (Parou : rivière et montagnes) : ladite rivière a ses origines dans les montagnes aurifères de Tumucuraqué ou Tumucumac, et les montagnes de Paru en sont une ramification qui se prolonge, vers le sud, jusqu'à la rive nord du fleuve des Amazones. Nous avons dit précédemment que le pluriel en hébreu, est la désinence *im*. Or, les monts et la rivière *Paru* font un pluriel *Paruim*. Le texte grec des Septante désigne par Paruim, ces lieux, qui, dans le texte latin, sont nommés Parvaïm et dont l'or servait, selon la bible, à orner le palais de Salomon. Nous avons déjà démontré l'erreur de prononciation qui a fait Parvaïm de Paruim. Maintenant, que l'on veuille bien jeter les yeux sur notre carte, on comprendra plus facilement que c'est au pied des monts Paru et devant l'embouchure du rio Paru, que les flottes d'Hiram et de Salomon stationnaient pendant leurs voyages triennaux et pendant les exploitations aurifères faites à Ophir, à Tarschich et dans les régions voisines de Paruim. L'étymologie de *Parou* est dans le prétérit hébreu פָּאַר *paar*, ornatus fuit, fut orné, et ornavit, a orné ; en outre, פָּאַר *paar* signifie foravit, fodit in terra, creusa, fouilla dans la terre ; ce qui est bien l'indication du travail des mines. La troisième personne du prétérit, la même que du présent de l'indicatif, est, au pluriel, פָּאֲרוּ *paarou*, ils ornent, ont orné ; ou *paarou*, ils fouillent dans la terre. Les deux voyelles *aa* n'étant qu'une voyelle prolongée on prononce *pâr*, *pârou* ; mais *Parou*, étant devenu par l'usage un nom, les hébreux lui ont ajouté la désinence *im* qui marque le pluriel : d'où Paruim.

Huacarapi (rivière qui limite à l'est les monts *Parou*) : étym. *hu*, rivière en tupi ; héb. עֲקָרָה *acara*, stérile, פִּי rivage ou bord.

Les quarante et quelques noms ci-dessus attestent par leurs étymologies, que les phéniciens ont exploré et exploité la Guyane brésilienne, dans laquelle est comprise la région du Parou, Paruim ou Parvaïm biblique. Les lieux, que nous avons analysés, démontrent qu'ils ont reçu leurs noms des observations qui y furent faites, des évènements qui s'y produisirent et des sensations qu'y éprouvèrent les explorateurs phéniciens. Il nous semble inutile de faire imprimer les autres noms qui figurent sur notre carte, et dont les étymologies, que nous retenons, nous donnent les mêmes résultats probants. La lecture d'une longue nomenclature est toujours une fatigue : il suffit que la nôtre apporte la conviction ou au moins établisse la probabilité de nos assertions, pour que nous puissions avoir le droit d'affirmer notre découverte des « Voyages triennaux » au fleuve des Amazones, ce qui est une preuve de plus de la présence des phéniciens sur le continent américain.

CHAPITRE IV.

—

Haïti.

A l'époque de la découverte d'Haïti, cette île était divisée en cinq souverainetés et l'on y parlait plusieurs dialectes : celui du centre était plus estimé que les autres et, selon le P. Charlevoix, il était considéré comme langue sacrée ; il n'en donne point le nom ; mais une langue sacrée donne lieu de supposer qu'elle avait son origine ailleurs que chez les sauvages caraïbes. Nous avons lieu de croire que cette langue est particulièrement celle que l'on doit nommer *Taino*, bien que sans exception, tous les auteurs désignés au chapitre I, l'ont confondue avec les divers dialectes caraïbes : en sorte que dans leurs écrits, les mots appartenant à ces dialectes sembleraient tous avoir une même origine. Mais ici se présente une particularité, c'est que le P. Raymond Breton, qui fut missionnaire aux Antilles, publia en 1656 un dictionnaire de la langue des caraïbes d'Haïti ; or, en traduisant chaque mot français en termes divers des indigènes, il en signale quelques uns précédés de la lettre F et que je crus d'abord être la désignation de mots féminins : cependant ceux que l'on pouvait croire masculins, ne présentaient, par rapport à ceux-la, aucun indice d'affinité et leurs racines n'étaient point les mêmes : cette différence d'origine attira mon attention : c'est alors que je vis l'avertissement qu'on lit en tête du vocabulaire du P. Breton et par lequel il prévient que le mot qui suit la lettre F est du *langage des femmes.* On y trouve donc les traces phéniciennes de la langue des femmes échappées au massacre (1) et elles ont dû, de génération en génération, faire apprendre leur langue maternelle aux enfants qu'elles élevaient. Dutertre a aussi constaté que le langage des femmes était différent de celui des hommes ; il est à regretter que l'on n'ait pas recueilli cette langue particulière aux femmes. J'ai donc résolu le problème de la tradition des caraïbes d'Haiti et, comme on va le voir, les premiers possesseurs de cette île étaient réellement phéniciens. Bien que dans le langage des haïtiens l'élément caraïbe ait prévalu, il y avait sans doute nécessité de l'enrichir de mots utiles empruntés à la langue phénicienne ; leur conservation et leur transmission étaient donc naturelles ; les caraïbes ont pu même l'exiger et agir en celà, comme les indiens de la Haute-Amazone, qui défendent à leurs femmes de parler aux enfants un dialecte différent de celui de leur peuplade respective ; et quand elles oublient cette prescription, elles sont cruellement battues par leurs maris : j'ai été plusieurs fois témoins de ce fait.

Dans les grandes Antilles, les termes de Taino, Daino et Ditaino avaient les significations de guerrier, chef, seigneur et noble : ce qui donnerait à penser que la langue taino aurait été la langue des premiers conquérants, la langue aristocratique et la langue noble, de même qu'en Asie la langue Aryane avait la signification de noble. Mais, en hébreu ou phénicien, תְּחִנָּה *theino* signifie prière, supplication, miséricorde : n'est-ce pas la désignation de la langue sacrée d'Haïti à laquelle le P. Charlevoix fait allusion ? Nous avons encore l'hébreu תָּנַן *tanan* qui se rapporte au sanscrit *tan* et au grec *teinô* et dont la signification est perduravit, perennis fuit, protendit se tempus, eut une durée continue, permanente et longue ; enfin, les lettres

(1) La tradition, ch. I.

n et *l* pouvant permuter, on a le substantif תחלה *theilo*, initium, le commencement, qui est dérivé du verbe radical חלל *âlal*, initium cepit, prit commencement : ce qui confirmerait l'origine et l'antiquité du Taino, premier des dialectes parmi ceux qui furent en usage à Haïti.

Caraïbe ou Carib et Galibi sont dérivés de Caribi, nom des indigènes de la côte orientale du continent américain, ainsi que des Antilles. L'origine de caribi est le Kichua *cari (vir)* (1), l'homme énergique qui diffère de *runa* (homo), l'homme vulgaire. Or, *carib*, en l'ancienne langue haïtienne signifie fort, courageux : ce qui est confirmé par l'hébreu כר *car* ou (c. suff.), כרי *cari*, plur. כרים *carim*, hommes de guerre, tueurs, bourreaux. Mais une autre tradition rapporte qu'anciennement l'on désignait la population d'Haïti par le nom de Calinago ou Galinago. Or, galinago est formé de deux mots phéniciens גלין *galin* (=גלון=גולן), émigration, exil, captivité, et נגעו *nâgo*, être atteint, être frappé : galinago signifie donc être frappé d'exil. Il y a aussi גלי *gheli*, dérivé du v. גלה *gala*, in exsilium ductus esse, être exilé ou déporté et l'infinitif נגע *nagoa*=(c. suff.) נגעו *nâgo* être frappé. On a aussi un verbe הגה *âgo*, être expulsé, écarté, poussé vers..., (en grec *agô)*; d'où le subst. plur. הגוים *agoim*, refuges, lieux d'asile. En grec, Carthage est *Karkhèdon*, d'où *Karkaron*, prison : étym. Kichua *Karko* exil, exiler et le grec *dôn* du v. *doneô* exiler, ce qui est la traduction même de Karko. Les Galinagos auraient donc eu une ressemblance avec les Carthaginois : puisqu'ils auraient été les exilés de ceux-ci, comme les Carthaginois furent les exilés et les déportés des phéniciens. Ces étymologies indiquent clairement l'origine phénicienne des plus anciens habitants d'Haïti, qui furent des déportés et des exilés : c'est le commencement de leur arrivée et de leur histoire en Amérique.

(1) Le Kichua est *la langue primitive* : voir, sous ce nom, notre publication, chez Ernest Leroux, libraire, 28, rue Bonaparte.

En me proposant de rechercher l'origine des premiers haïtiens, je donne donc à mon œuvre un caractère historique du plus haut intérêt.

L'orthographe d'Haïti est moderne; elle fut incertaine, puisqu'on l'écrivit *ayti*, *hayti*, *hayiti*, *hayhiti* ou *ayhitiy*. Cette île s'appelait aussi *kiskiya* ou *keskéïa*. Voyons la signification de ces noms. Le nom de kiskiya, keskéia ou *kiskéia* est tout à fait phénicien; car l'on a חשק *khesk* ou חִשְׁקִי *kiski* deliciœ, délices, חַיָּה *éia* ou חַיִּה *èia*, vitæ, de la vie : « délices de la vie! » Ce nom ne désigne-t-il pas l'une des *îles Fortunées* qui sont restées mystérieuses et dont parlent les auteurs anciens? Les cosmographes, sans preuve aucune, ont attribué ce nom aux îles Canaries et d'autres aux îles des Açores.

Voyons Haïti : On donne généralement la signification de pays montagneux ou d'île montagneuse à l'île d'*Hayti* ou *Ayti*; parce que *ay*, *hay* ou *haï* signifie île et terre, et *tihui* montagne, d'où par abréviation *haytihi*, puis *Haïti*, île montagneuse. Cette île est effectivement très montagneuse; mais le nom ci-dessus n'est pas le véritable; car, en langue taino, qui aurait été celle des galinagos, on a l'étymologie suivante : *ay* ou *hay*, terra, insula, terre ou île; *iti* femina, femme(1), d'où *hayiti* « l'île des femmes ». Nous avons déjà dit que les caraïbes avaient massacré tous les hommes, premiers possesseurs de cette île et que les femmes seules avaient été épargnées. Or, selon les traditions anciennes, une des îles des Antilles avait été habitée par des femmes seules : Haïti est assurément dans ce cas; et d'ailleurs les phéniciens qui étaient tous des navigateurs, n'emmenaient point leurs femmes et leurs enfants dans leurs expéditions aventureuses et périlleuses; ils les consignaient donc à Haïti où, chaque année, à une époque déterminée, tous les hommes revenaient pour cohabiter avec leurs femmes pendant un certain temps, puis ils repartaient en expédition vers d'autres îles où

(1) Plus loin, on verra pourquoi *iti*; car le vrai nom de femme est *ita*.

vers le continent américain, d'où sans-doute ils rapportaient des femmes capturées chez les Caraïbes ; et tout porte à croire que ce fut plus tard la cause du massacre général des phéniciens d'Haïti.

Nous avons déjà fait la supposition que cette île dont le nom fut *kiskiéia*, c'est-à-dire « Délices de la vie, » était une des îles Fortunées : ceci nous conduit à parler de l'île de la Martinique que les écrivains espagnols nommaient Matinino, Matinina, Matilino et Madanino ; or, dans « Quatre lettres sur le Mexique, » par M. Brasseur de Bourbourg (p. 301), cet écrivain dit qu'au temps de la découverte des Antilles on y conservait le souvenir d'une *île des Amours;* il croit que la Martinique est cette île ; mais il ne justifie point son opinion; car les étymologies qu'il donne de Matinino et de Madanino n'ont rien de commun avec l'île des amours ; il faut donc les chercher dans l'hébreu. 1° Matinino a pour étymologie מַת *mat* et (c. suff.) מְתִי *mati*, vir, l'homme, נִין *nin*, progenies, descendance ou descendant נוּ *no* de nous. Selon Gesenius נִין = נֶכֶד et il donne à ces mots le sens de *ubique copulatum cum :* ce serait la désignation d'un lieu des amours susceptible d'être appliquée à l'île d'*hommes de notre descendance.*

2° Madanino a pour étymologie hébraïque ce qui suit : עֲדָן *âdan* délices, joie, réjouissances; précédée du préfixe מ *m*, on a מַעֲדָן *madân*, lieu de délices, נִין-נוּ *ninno* de notre descendance : la Martinique étant « un lieu de délices, » peut bien avoir été aussi l'une des îles Fortunées, tout comme Haïti qu'on appelait « Délices de la vie » : ces deux faits rapprochés confirmeraient que les îles Fortunées des anciennes traditions étaient les Antilles. Madanino (et non Matinino) aurait été le vrai nom de la Martinique.

Mais, revenons à Haïti, pour lui donner sa véritable signification qui, comme on le verra, n'est pas en contradiction avec son autre nom « d'île des femmes ». En effet, comme en taino, l'hébreu אִי *aï* ou *hay* est île ; חִתִּי *hiti* est, en hébreu, « le peuple

Héthéen » : *hayhiti* ou *aïhiti* (haïti) est donc l'île héthéenne ou pays héthéen. Il devient évident que le taino *iti* ou *hiti*, femme, à son origine même dans la femme héthéenne et c'est ainsi que le même terme taino est devenu le synonime du terme phénicien *hiti*. Les Héthéens furent au nombre des Cananéens que Josué faisait massacrer; d'où l'on peut admettre que leur première migration vers la Lybie (Maroc) d'abord, et qui fut suivie de leur embarquement pour l'île d'Haïti, commença à l'époque de Josué; il y aurait de celà plus de 3,300 ans; tandis que la seconde migration, celle des Carthaginois pour Haïti, a la date approximative de 2,700 ans. D'ailleurs la présence à Haïti de la race cananéenne surnommée phénicienne par les Grecs, sera confirmée par d'autres preuves historiques et philologiques.

Nous venons de donner l'origine et la signification vraie de *hiti*, qui est la femme héthéenne ; cependant, la femme, l'épouse, a trois autres dénominations dans le taino : elles sont *ita*, *inara* et *chouron*. *Ita* correspond à l'hébreu יָתַב *itab*, secum cohabitare fecit mulierem, fait habiter une femme avec soi (1) : cette femme est bien l'épouse *ita*. 2° Elle est aussi désignée par *inara* : du v. héb. יָנָה *iana* il opprime, on a le futur יִינָה *inâ*, opprimera ; subst. רֵעַ *ra*, socius mulieris, compagnon de la femme ; un terme égal רַע *ra* signifie malus, mauvais, méchant. Ces termes hébreux ou phéniciens sont l'expression du taino *inara*, la femme assujétie à l'homme qui l'opprimera. 3° Enfin, la condition de la femme est encore plus mauvaise sous la dénomination de *chouron* ; car l'héb. חָרוֹן *choron* est le feu de la colère; puis, on a חָרֵד *chored* territa est, est terrorisée; חרם *chōram* est contrainte, comprimée, vouée au malheur. Les diverses conditions de la femme ou épouse, en taino, sont donc définies par leurs équivalents en termes hébreux ou phéniciens.

Nous savons déjà que *taino* dont la signification est bellus,

(1) Nous avons dit précédemment, que souvent dans le dialecte d'Haïti la dernière consonne du mot hébreu était supprimé, ex. *ita* = *itab*.

dux, dominus, nobilis, guerrier, chef, seigneur, noble, est une langue importée et imposée par les premiers dominateurs de l'île d'Hayhiti (Haïti); mais nous ferons remarquer que tout guerrier ou dominateur qui vient imposer sa loi et son langage est assurément un ennemi. Or, en taino, l'ennemi est *anaki* (Oviedo) : ce terme qui est aussi cananéen, vient du kichua *anak*, géant, fort, homme rude. Dans la Bible on cite les *anakim* descendants d'un Anak : ils étaient des géants, des hommes redoutables que Moïse, par ses espions, avait fait reconnaître avant que les Hébreux ne pénétrassent, sous le commandement de Josué, dans la terre de Canaan. Ces Anakim habitaient le pays d'Hébron avant l'invasion des Hébreux. Selon la Bible, les *Anakim* étaient *descendants des Héthéens* lesquels (Hiti) étaient fils de Canaan. Ceux-ci et ceux-là étaient donc ensemble à l'île d'Haïti. Ajoutons que « la terreur » s'exprime en hébreu par חַת *het*, ou (c. suff.), par חִתִּי *hiti*. Les Héthéens étaient donc gens redoutables comme les Anaki ou Anakim.

La présence des phéniciens à Haïti va être encore confirmée par ce qui suit : en taino, les gens, les hommes en général, y sont appelés *Chivi* (Petrus Martyr) : or, en hébreu חִוִּי *chivi* se lit aussi *hivi* : ce sont les Chévéens ou Hévéens. Ce peuple Hivi ou Chivi habitait les montagnes du Liban et d'Hermon ; et il fit sans-doute sa migration à Haïti vers la même époque que celle des Héthéens (*hiti*) et des Anakim.

Les faits que nous venons d'exposer ne font que confirmer ce que dit l'Exode, ch. XXXIV, v. 11 : Dieu dit à Moïse : « Je chasserai moi-même devant vous les Cananéens, les Héthéens et les Chévéens. » Or, nous les avons retrouvés à Haïti : ce n'est pas seulement une page pour l'histoire ancienne de l'Amérique ; mais aussi une page intéressante pour les Hébreux.

La quantité de noms, de verbes et d'autres termes taino, que nous avons analysés et comparés avec le phénicien, suffiraient par leur importance, pour confirmer la tradition des caraïbes et démontrer que le peuple venu de l'Est à travers l'Océan était bien phénicien. Nous allons donner maintenant des preuves concluantes que le taino est au moins un dialecte phénicien : que sa parenté avec celui-ci est évidente, malgré les altérations du langage causées par l'amalgamation du phénicien avec divers dialectes des caraïbes pendant trois mille ans.

En philologie, il est prouvé que l'affinité des pronoms est un des indices certains de la parenté des langues. Nous extrayons du glossaire de Martius les trois seuls pronoms personnels et un pronom relatif qui s'y trouvent sous la rubrique taino ; ils sont :

Latin, ego, moi ; taino, *ni;* héb. אֲנִי *ani;* arabe, *ni.*

Lat. tu, toi ; taino, *té;* héb. fem. אַתְּ *até;* arabe, *enté.*

Lat. is, illa, lui, elle ; taino, *hi, i;* héb. הִיא *hi, ih* ; arabe, *hi.*

Pron. rel. lat. qui, quœ ; fr. qui ; taino, *iki;* héb. כִּי *ki.*

Malgré l'altération du taino due à sa séparation lointaine et à l'état de sauvagerie des habitants d'Haïti au temps de sa découverte, l'affinité ou la parenté entre les pronoms taino et ceux des langues sémitiques est parfaitement visible.

Le P. Charlevoix rapporte que les insulaires d'Haïti avaient une idée légère et assez vague de la Divinité. Oviedo dit que dans cette île Dieu était appelé *Jovana :* ne dirait-on pas que Jovana est une forme altérée de *Jéhova ?* Cependant, nous trouvons en phénicien la traduction de Jovana : c'est יוֹ *Iov,* Dieu, חָנָה *ana,* propice : « le Dieu propice. » Les païens romains appelaient Dieu *Jov, Jovis* qui est Jupiter. Ammon était *Jov-ham,* le dieu soleil, le dieu de la chaleur ; en hébreu יוֹ *Io* ou *Iov,* יְהוֹ *Jehov,* יְהוּא *Jéhoua* ou יְהוֹה *Jehova* expriment Dieu.

Selon les plus anciens chroniqueurs d'Haïti, sa population était idolâtre et superstitieuse. Comme les peuples de l'antiquité du vieux continent, les haïtiens avaient deux ordres de divinités : le Soleil et la Lune, qui étaient les grands dieux, puis les divinités subalternes, que nous pouvons mettre au rang des *dei minorum gentium* des Romains. A l'intérieur de l'île existe encore la grande caverne sacrée, temple du Soleil et de la Lune :

elle mesure cent-cinquante pieds en longueur et elle a cent-cinquante pieds d'élévation ; sur ses parois sont sculptées les divinités subalternes : c'est là que le peuple apportait ses offrandes. Dans l'histoire cosmogonique des Haïtiens, il est dit que c'est de la caverne sacrée qu'un jour sortirent le Soleil et la Lune pour éclairer le Monde. Selon eux, la Terre avait commencé par leur île à se peupler ; car c'est là qu'il y avait des cavernes dans lesquelles les premiers hommes furent renfermés après leur création. Un jour ils s'en échappèrent. Mais le Soleil irrité de leur sortie, changea en pierres les gardiens de ces cavernes, et les hommes qui en étaient sortis, furent métamorphosés en arbres, en serpents, en grenouilles et en divers autres animaux. Quant aux femmes, elles ne vinrent au monde que bien longtemps après les hommes. Nous ferons remarquer qu'à l'arrivée à Haïti de Christophe Colomb, l'on constata l'existence des cavernes et du travail des mines dans la pierre ; or, les caraïbes n'étant point nantis d'outils de fer, ne peuvent pas avoir exécuté ces travaux, que l'on doit attribuer aux Phéniciens et aux Caras peut-être.

Le démon apparaissait assez souvent aux insulaires et rendait des oracles, sur lesquels les gens séduits réglaient leur conduite à l'aveugle. Les divinités du second ordre consistaient en tortues, crapeaux, caïmans, serpents et couleuvres, ou bien en figures humaines horribles ; elles étaient fabriquées de pierre, de craie ou d'argile ; et ces idoles, ainsi que le démon, étaient désignés sous les noms de zémi, chémi, zémès ou chémès. Ces noms semblent être de source phénicienne ; car on y trouve les termes suivants : זְמַן *zéman*, tailler ou façonner des idoles ; סֶמֶל *sémel* statue, idole, image ; זִמָּה *zima*, impur ; חַמָּן *chaman*, idolatrie ; זָמָר *zemâr*, chant ; זֶמֶר *zemer*, danse, bonds ; enfin, שָׁמַץ *shamats*, fut réprouvé, rejeté et précipité. On voit dans cette série de termes, qui se rattachent à l'idolâtrie, à son culte et au démon, ange réprouvé, rejeté et précipité du ciel, un emprunt fait à la langue des hébreux ou des phéniciens.

La Divinité principale des Haïtiens était *chémîn*, le Soleil, au plur. *chémenium*. L'emprunt fait au phénicien est évident, puisque חַמָּן *chamon* est le dieu solaire ; au plur. on dit חַמָּנִים *chamonim*, les idoles du Soleil ou les images qui les représentent. Nous ferons remarquer, en passant, que le pluriel hébreu en *im* est, dans le dialecte phénicien, en *um* (oum) : ex. Dieu, héb. *Eloa*, plur. *Eloïm*, phénicien *Elioum* (Sanchoniaton) ; il en est de même du pluriel en langue vulgaire de Haïti qui est *um* (oum) et quelquefois *em*. Les caraïbes auraient donc adoptés le pluriel des phéniciens : ex. en caraïbe, homme *eyeri*, plur. *eyerium* ; femme *inuya*, plur. *inuyum* ; dieu *chéméin*, les dieux chéméinium ; petit enfant, *ibani*, plur. *ibaniem*. Le soleil en hébreu, est שֶׁמֶשׁ *shémesh*, terme emprunté à l'arabe ; et la chaleur du soleil est חֵמָא *chémoh* : or, les Phéniciens et leurs descendants les Carthaginois, honoraient dans Baal le dieu solaire, בַּעַל־חַמָּן *Baal-chamon*, ainsi que le constatent des inscriptions et des monuments figuratifs. On peut en conclure que ce sont les phéniciens qui introduisirent le culte du Soleil à l'île d'Haïti. Le culte du soleil et de la Lune n'a évidemment pas son origine chez les caraïbes : on doit y voir une importation orientale ; tandis que le culte des idoles fabriquées par eux, sauf celui du serpent qu'on pourrait attribuer à Votan, qui venait aussi d'Orient, dut prendre naissance au sein des hordes plongées dans les ténèbres de la sauvagerie, sans-doute après l'anéantissement des Phéniciens. Les insulaires accordaient de l'intelligence aux idoles qui avaient la figure des animaux : elles devenaient des *zophé-chémin*, ce qui signifie contemplateur du soleil : de l'héb. צוֹפֶה *tsophé*, guetteur, voyant, contemplateur, שְׁמֵי *shemèi* ou שְׁמַיִן *shemain* ou שָׁמַיִם *shâmaim* des cieux, du firmament.

CHAPITRE IV.

—

Dans ce chapître nous donnons cent mots de la langue Taino, qui fut le dialecte phénicien de l'île d'Haïti; ils servent à confirmer nos précédentes démonstrations et la nationalité de ses premiers habitants venus d'Orient, conformément aux traditions transmises par les Caraïbes insulaires.

Adversité, angoisse : taino, *ano-kali* : héb. עָנָה *âno* être affligé, découragé, pauvre ; קָלִי *kâli*, adj. du v. קָלַל=קָלָה être dédaigné, méprisé.

Amphore, vase creux, auge, citerne : taino, *shicati* (chuint.) : héb. שִׁקַת *shicat* ou (c. suff.) *shicati*, vase qui sert à boire, auge, subst. dérivé du v. שָׁקָה *shâcâ*, donner à boire, présenter l'amphore ou la cruche.

Antiquité, vieux mur, édifice en ruine, fondation antique : taino, *bina-thoali* : héb. du v. בָּנָה *bânâ* œdificavit, construisit, fonda, on a בִּנְחָה *binah*, construction, édifice ; 2° la lettre ת *th* de *thoali*, en hébreu, permute avec שׁ *sh* : d'où שָׁעָל *shoâl*, ce qui est creusé, dégradé par le temps ou la vétusté : c'est le dérivé du verbe שָׁעַל *shoal*, être creusé, troué, dégradé par le temps ; à *shoâl* ajoutant le suffixe, on a *shoali=thoali* : ainsi l'héb. ou phén. *binah-shoali*=taino *bina-thoali*.

Banni, exilé, déporté : taino, *galinago* : héb. גָּלִין *gâlin*, émigration, exil, captivité ; הָגָה *âgo*, être expulsé, poussé vers...

Bitume, braie, poix, goudron : taino, *balam-ani* : héb. בָּלָם

bâlam, claudere, fermer, boucher, obturer ; אֳנִי *ani*, vas, urna, amphora, navis, vase, urne, vaisseau. Le taino *balamani* est donc bien la matière qui sert à boucher ou à obturer la fente d'un vase quelconque, à calfeutrer un navire et y aveugler une voie d'eau.

Bon, honnête, vertueux, droit, solide : taino, *tobou, itobou;* héb. טוֹב *tob*, bon, vertueux, טֹבוּ *tobou*, יִטְבוּ *itobou*, ils sont bons, vertueux ; infin. הטוֹב *itob* être vertueux ; imp. הִטוֹבוּ *hitobou* soyez bons.

Bouche : taino, *pôta :* héb. פָּתַח *pôtah*, aperuit se, apertus est, s'ouvre ou est ouvert, os aperuit, il ouvre la bouche. Bouche, en héb. est aussi פָּה *pâ* ou *po* ou *pi*, du v. פָּה *pâ* ou *po* ouvrir, respirer ; les hébraïsants qui prononcent *phâ* ont tort ; car le taino qui est du vieux phénicien, fait voir que la lettre hébraïque פ est ici P et non PH, prononciation imitée du grec.

Bruit : taino, *takoulacani* : héb. תְּקְעוֹ *tâko* ou תַּקוּ *takou* bruit, subst. du v. תָּקַע *tâka*, cogner, causer du bruit, לְ־כַנִּי *le-cani* en (ce) lieu.

Brûlure, l'action du feu : taino, *cuyo, coya :* héb. כְּוִיָּה *cuyoh, cuyâh*, brûlure, subst. dérivé du v. כָּוָה *couah* être brûlé par le feu.

Cabane, carbet, abri : taino, *autè, ôté;* héb. עֹטֶה *otè*, toit, couvert, entouré, ainsi que עֹטֶה *ôtè* entourant, couvrant, part. prés. du v. עָטָה *otâ*, couvrir, entourer.

Chanter, célébrer : taino, *alallaka :* héb. הָלַל *âlal* célébrer, rendre un son ou un chant clair ; — voix claire et haute ; לָקַח *lâkah* percepit, cepit auribus, que perçoit l'oreille ; d'où לֶקַח *lékah*, art (poétique ou musical).

Chenilles ; taino, *mourourou :* héb. מָרוֹרָא *morôroh*, ce qui est venimeux.

Chouette : taino, *mouroukouli* : héb. מוֹרָא *môroh*, pavor, peur, ou מֹרָה *môroh* mœror, tristesse ; קוֹל *kol*, c. suff. קוֹלִי *koli*, voix, cri. Le taino trouve dans l'hébreu la définition de la chouette, dont la voix nocturne et lugubre cause une sensation de crainte et de tristesse.

Ciel : taino, *capo* : héb. כַּף *cap* (c. suff.) *capo*, incurvatum, cavum est, ce qui est courbe, concave, c'est le dérivé du v. כָּפָה *câpo* être courbe : celui-ci a pour voisin גָּבֹה *gâbô*, haut, élevé, majestueux. Le ciel, en taino, est donc désigné par une métaphore ; en hébreu, il en est ainsi pour שָׁמַיִם *châmaim* les cieux, subst. dérivé du v. rad. שָׁמָה *châmâ* étre haut, élevé ; le ciel y est aussi désigné par רָקִיעַ *ràkia* qui signifie l'étendue.

Cigale : taino, *kerâ-kerâ* : héb. קָרָא *kerâ* crier ; כָּרַז *keraz*, id.

Coffre, panier : taino, *arca, arga* : héb. אַרְגָּז *argaz* = *arga* par suppression de la dernière consonne.

Coin (outil) : taino, *nacou, nagou* : héb. נָגוּעַ *nâgou*, percussus, frappé, part. du v. נָגַע *nâga* percussit, dont l'infin. (c. suff.) est נְגֹעוֹ *nâgo*, frapper, forcer, employer la force.

Coin, angle intérieur : taino, *litoulâ* : héb. du v. לוּט *lout* cacher, on a le part. passif לָטוּי *litoui* étant caché ; לָא *lâ*, nihil, rien. L'angle intérieur, le coin qui sert à cacher : c'est ce qu'exprime *litou* ; tandis que la seconde syllabe *lâ*, est une expression juste, puisque la chose cachée ou disparue est égale à rien.

Colère, ardeur, emportement : taino, *ian* ; héb. יָנָה *iana*, violenter egit, agit violemment, avec colère ; fut. יִן *ian* s'emportera.

Couronne : taino, *bouemèn* : héb. בּוּם *boum*, summum rei, le sommet d'un objet, la chose élevée ; חֵן *hèn*, pulcher, pretiosus, pretiosa, beau, belle, précieux, précieuse.

Crapaud : taino, *houa* (onomatopée) : c'est le cri naturel du crapaud ; héb. הַוָּה *hôwa* ou הֹוָה *hôâ*, *houâ*, calamité, choses ou maladies pernicieuses : or, les haïtiens avaient le crapaud au nombre de leurs dieux et ils l'honoraient par crainte des calamités et pour conjurer les maux dont ils étaient menacés.

Dedans, intérieur : taïno, *irécou*, héb. יֶרֶךְ *irec*, espace intérieur, lieu pénétrable.

Délices : taino, *kesk, kisk, kiski* : héb. חֵשֶׁק *khesk*, חִשְׁקִי *khiski*, déliciœ, délices.

Dieu : taino : *Jovana, Tupan* : 1° יו *Jov* Dieu, חנה *ânâ* propice ; 2° héb. טפח *topah* expandit se, extendit se, s'étend, se développe, est vaste dans l'espace : c'est l'infini : c'est la Divinité pour laquelle le P. Charlevoix dit que les insulaires d'Haïti avaient une idée assez vague et légère.

Domicile, maison : taino, *manoua ;* héb. מנוח *mânoa* ou מנוחה *menouâh*, domicile, lieu de repos.

Effroi, terreur, crainte : taino, *hiticali* : héb. חתי *hiti*, terror, pavor, peur ; 2° du verbe radical כלא *câlâ*, ou a כלי *keli* et כלי *câli*, arme, joug, instrument quelconque de châtiment ; et כליא *kelih*, carcer, prison (ce qui inspire la crainte).

Endroit ou lieu élevé : taino, *goara* : héb. גאה *goâh*, extulit se, elatus est, s'élève, est haut ; ראה *rah* visible, du v. ראה *rââh* visus est.

Enfant, fils, progéniture : taino *el, ele, ili* : héb. ילד *eled*, ילד *ilid*, natus, puer, filius : on voit encore ici la suppression de la consonne finale.

Ennemi : taino, *anaki* (Oviedo) : héb. ענק *anâk*, c. suff. ענקי *anaki*, plur. ענקים *anakim ;* ils étaient des cananéens redoutables par leur force et leur haute stature ; *anak*, en langue kichua (qui est la primitive) signifie géant, robuste et rude. Le nom d'Anaki transporté à Haïti est remarquable.

Épouse, uxor : taino, *ita* ; héb. verbe יתב *itab*, secum cohabitare fecit mulierem ; l'épouse *ita* est bien désignée par le v. héb. *itab*.

Époux, mari : taino, *râiti* ou *râhiti* : héb. רע *raa*, amicus, socius, compagnon, associé ; et taino *iti* ou *hiti*, femme : râiti ou mieux râhiti est l'associé ou mari de la femme héthéenne.

Être, exister : taino, *éi* : héb. חי *éi*, vivant, vif, du v. חיה *aiâ* ; d'où יחי *iei*, vivat, qu'il vive.

Femme enceinte ou féconde : taino, *hiâni* : héb. חיה *hiâ*, vitam dedit, mulier semen viri vivificare, ubi concipit de eo (Gen. XIX, 32, 34) ; חין *hin* c. suff. חיני *hini*, pulchritudo, beauté. Le taino *hiâni* est une contraction de *hiôhini*.

Fille (Jeune), puella : taino, *rahen*, héb. רַחַם *rahem* ; parfois *m* et *n*, à la fin d'un mot, ont la même valeur : ex. כָּתַן *câtan* = כָּתַם *câtam* cacher, couvrir ; שָׂטַן *satan* = שָׂטַם *sâtam*, adversaire, ennemi ; בָּהַן *bâan*=בָּהַם *bâam*, fermer, clore ; שְׁמַיִן *shemàin* = שָׁמַיִם *shâmâim* les cieux.

Fils aîné : taino, *rabou* : héb. רַב *rab*, maior natu, summus, princeps, l'aîné, le chef de famille ; d'où רָבָה *râboh*, potens factus est ; d'où le substantif רִבּוֹ *rebou* ou *rabou*, autorité.

Folie : taino, *ianimali* : héb. יָן *ian*, fut. du v. יָנָה *iana*, être violent, colère ; et יִמְעַל *imal* fut. du v. מָעַל *mâal*, agir avec malice ou avec perfidie.

Gémissant : taino, *anokaâli* : héb. du v. אָנַק *ânok*, gémir, on a אֲנָקָה *anokâ* gémissement ; 2° du v. חָלָה *hâlâ*, être souffrant, on a חֳלִי *hâli* morbus, malade.

Graisse, huile : taino, *kâlaba* : héb. de חָלַב *khâlab*, être gras, on a חֶלְבָּה *khâlebâ*, graisse, graisseux, huileux.

Grenouille : taino *houâtibi* : ce nom se décompose : 1° en *houâ*, *hoâ* (onomatopée) qui est le cri de la grenouille ; 2° du v. héb. טוֹב *tob* être bon, on a hiph. הֵיטִיב *hitib* beneficia contulit, apporte les bienfaits ; on a le subst. טוּב *toub* bonum, optimum, plur. bona optima, opes, les biens, les richesses, d'où טוּבִי *toubi* et טִיבִי *tibi*, santé, félicité. Considérant que la grenouille était une des divinités des haïtiens, elle était, selon l'étymologie ci-dessus, opposée au crapaud, qui représentait les calamités et les maladies. La grenouille *houâtibi* était donc une divinité bienfaisante.

Guerrier, soldat : taino, *makère*, *maguèr* : héb. מָגַר *maguer*, cecidit, il tue, d'où le subst. מְכֵרָה *mekérah*, arme, glaive du guerrier.

Guetteur, observateur, contemplateur : taino, *zophé* : héb. צוֹפֶה *tsophé*, ou *zophé*, d'où, taino, *Zophé-chemín*, contemplateur du dieu solaire ; ce qui correspond à l'hébreu צוֹפֶה־שְׁמַיִן *tsophé-shemàin* ou שָׁמַיִם *shamàim*, contemplateur des cieux ou du firmament.

Habitation, lieu de résidence habituelle : taino, *hueitobou* : héb. אֱוִי *heui* habitation ; טֹבוּ *tobou* est bonne, agréable, d'un bel aspect.

Héthéen : taino, *iti* ou *hiti*, nom du peuple primitif d'Haïti : héb. חִתִּי *hiti*, Héthéen. Les Héthéens furent au nombre des Cananéens que Josué fit massacrer.

Hévéen ou Chévéen : taino, *chivi* : héb. חִוִּי *chivi* ou *hivi*, peuple Hévéen ou Chévéen, qui était cananéen et habitait le Liban : selon Petrus Martyr d'Anghiera, le peuple d'Haïti était appelé *chivi*; il dut émigrer à Haïti à la suite des héthéens.

Ile : taino, *oubao*, terme de la langue usuelle; mais dont la définition est plus précise que le taino et l'hébreu *aï*, *haï*, *hay* dont la signification est aussi « île » ; en effet, *oubao* correspond à l'héb. עָבָד *obâd*, colens, servus, colonus, travailleur, colon, ainsi qu'à עֲבַד *oubad* (pour oubao), servitus gravis, travail sérieux : ces substantifs sont dérivés du v. עָבַד *obad* laborem imposuit, imposa le travail. En vieux germain existe le verbe *uoban* cultiver, et le subst. *uoberi*, cultivateur, colon. Le nom taino de *oubao* pour île, exprime donc un lieu de travail et de colonisation : on ne peut l'attribuer aux Caraïbes, mais aux phéniciens.

Instrument de musique : taino, *habalo*, *habao*, flûte sans doute ; car, heb. הָבַל *hâbâl* souffler et le subst. le souffle ; הָבְלוּ *hâbelou*, ils soufflent.

Jour, clarté solaire : taino, *iuéiouli*, terme évidemment corrompu de l'héb. יְוּמִי *iéoumi* ou יוֹמִי *iéomi* = יוֹם *iéom* ou *iôm*, jour.

Jumeau : taino, *mattao* : héb. מַת *mat*, vir, homme ; תְּאוֹם *tâom*, duplex, qui est double, geminus est, qui est jumeau. En taino, suppression de la dernière consonne hébraïque, selon la coutume :

Jus doux, suc doux : taino, *miti*, latin *mitis* : héb. מְתִיק *métik* et מִתִּיק *mitik*, doux, suave, adj. du v. מָתַק *mâtak*, être doux ; מִתְקָה *mitéka*, douceur, suavité. Le taino *miti* a encore rejeté la dernière consonne du *mitik*.

Jus ou suc fermenté : taino, *thirâ* : héb. תִּירָשׁ *thirãsh* et תִּירוֹשׁ *thirosh*, moût, suc qui fermente et enivre, jus de raisin : la dernière consonne de *thirãsh*, est encore supprimée au taino *thira*.

Là, c'est là, c'est ici : taino, *oni* : héb. הֵן *on*, lat. ecce, hîc, ici, là, voici.

Limite, borne en pierre : taino, *ébeni* : héb. אֶבֶן *ébén*, c. suff. אַבְנִי *ébeni*, pierre ; autre étym. בֵּין *bein*, בֵּינִי *béini*, הֵבֵין *ébein*, הֵבֵינִי *ébeini*, intervalle entre, espace intermédiaire.

Lit pour dormir et ronfler : taino, *néhéra* : héb. נֵהֵר *naher*, ronfleur, fém. נֵהֵרָה *nahérah*, ronfleuse : *nahérah* peut être assimilée au lit de repos que nous nommons *dormeuse*.

Lui, elle : taino, *i*, *hi* : héb. fém. הִיא *hi*, *ih*, arabe *hi*.

Lune : taino, *nona* pour *lona* : héb. לָן *lon*, elle reste ou passe la nuit, du v. לוּן *loun* rester ou passer la nuit. La lune était donc désignée par une métaphore, puisque les hébreux la nommaient יָרֵחַ *iuréah*.

Main droite : taino, *hiâ-ôn* : héb. 1° חָיָה *hiâ*, valere, vigere jussit, vivificare, ordonner, être robuste et actif, montrer de la vigueur, de l'action ; 2° הוֹן *ôn*, d'une façon facile, adroite, vive, commode : *ôn* est donc le complément de *hiâ*, c'est-à-dire des facultés qui s'appliquent à la force, à l'action et à la noblesse de la main droite.

Main gauche : taino, *nouba-ana* : 1° héb. נָבַע *noba* fœtere et putrescere fecit, et l'adj. voisin נָבָל *nobâl*, stultus, improbus, abjectus, impius, c'est-à-dire incapable, maladroit, gauche, vil, abject et mauvais : c'est la définition de la main gauche que les Orientaux nomment impure, en opposition à la main droite, qui est la noble, la dextre qui manie les armes et porte les aliments à la bouche ; tandis que la main gauche est servile et est destinée aux choses viles, malpropres et profanes. 2° héb. עָנָה *ânâ* humble, soumis, misérable, ayant pour voisin l'adjectif חָנֵף *hânap* immonde, profane.

Maison : (voir domicile et habitation).

Marteau : taino, *boutou* : héb. (*b* permute avec *p*) du v. פָּטוֹשׁ *potosh*, malleo percuttere, frapper avec le marteau, on a impér. plur. פִּטוּ *poutou*, frappez ; on a part. passif פָּטוּשׁ *potoush* étant frappé ou frappant. Il est visible que le taino *boutou* est un subst. dérivé et altéré du verbe ci-dessus.

Massue et toute arme à la fois contondante et perforante : taino, *macana*, *machana* : kichua, *makana*, massue : héb. מַכָּה *macâ*, coup, blessure ; נָא *nâ*, particule qui, mise à la suite d'un mot, indique la résolution, le défi, la menace, comme « prends-garde ! » נָא *nâ* indique aussi la pensée d'un acte futur et sert encore de locution impérative.

Masure, maison en ruine : taino, *bâti* : héb. בָּתֵּי *bâtéi*, plur. בָּתִּים *bâtim*, d'où כָּתָה *batâh*, dévastation, ruine.

Méprisé : taino, *ânokali* : héb. עָנָה *âno*, afflictus est, est affligé ; 2° קָלִי *kali*, dérivé du v. קָלָה *kâlâh*, vilis factus est, est avili ; d'où קַל *kal*, קַלַּי *kalài*, plur קַלִּים *kalim*, esclaves, gens vils et méprisés.

Moi : taino, *ni ;* arabe, *ni ;* héb. אֲנִי *ani*.

Nain : taino, *chaniméti* : héb. חֵן *chèn*, c. suff. חִנִּי *chani*, pitié : c'est le dérivé du v. חָנַן *chânam*, misertus est, misericordia affectus est, est digne de pitié ; 2° taino, *méti* : héb. מָתַי *mâtài* ou מְתִי *méti*, longueur, taille, terme corroboré par la variante hébraïque מַד *mad*, c. suff. מִדִּי *midi*, longueur, taille.

Nation, société, association : taino, *kiba*, *kibati*, *kibiti*, *khébéti*, *ghébéti* : héb. du v. חִבַּר *khibar*, consociare, consociatus esse, s'associer, être associé, on a le subst. חֶבֶר *khéber*, société, association de personnes. Nous avons mieux, par la permutation du ח *khet* en ג *ghimel* : d'où גֶּבֶר *ghéber*, vir, homme ; mais son féminin est גְּבֶרֶת *ghébert*, lat. *domina*, femme supérieure ou dominatrice ; c. suff. גְּבִרְתִּי *ghiberti*. Mais par suite de l'affaiblissement de la langue, supprimant la lettre *r*, on a le taino, *ghébéti*, *ghibéti*, ou *kibiti* : ce qui est bien la nation, la société, l'association, puisque toute nation se compose d'individus des deux sexes.

Navires à voiles : taino, *canapire* : héb. כָּנָף *cânâp* ou כַּנְפֵי *cânapi*, aîle, aîlée, יְרוּ *irou*, demeure, maison : *canapire* serait un terme altéré de *canapirou*, maison aîlée, ce qui est l'image du navire à voiles. Il y a encore l'hébreu כַּנְפֵי רוּחַ *canapi roua, ala venti*, l'aile du vent (poétique).

Neveu : taino, *bitam*, terme altéré de l'hébreu בֵּית־אֵם *beit-am*, de la maison ou de la famille maternelle; il peut aussi dériver de בֵּית־אָב *beit-ab*, de la maison paternelle. L'hébreu *beit* ne veut pas dire seulement maison ; mais il s'applique à la famille, à la lignée d'une même maison, aux parents ascendants et descendants, particulièrement aux neveux du côté maternel ou paternel.

Noir, noirci : taino, *koma* : héb. du v. rad. חוּם *khoum*, nigrum esse, être noir, on a חוֹם *khom*, noir, noirci, fém. חוֹמָה *khoma* noire et חָמַם *khomam* est noir ou noirci.

Non, ni, rien : taino : *mâina*, *maiana* : héb. מָאֵן *mâèn*, nolens, renuens, qui refuse, qui dit non, rien; en kichua, *mana*, non, rien.

Nourriture, aliments (pain, gâteau, etc.) : taino, *marou* ; ce terme a une corrélation évidente avec l'hébreu מָרָא *mâro*, cibo repletus, pinguis, replet, repus, plein d'aliments ; le v. בָּרָא ou בָּרָה *bâro*, comedit, a mangé ; les termes *maro* et *baro* ont une même origine ; car *m* et *b* sont deux labiales qui se confondent.

Nuage : taino, *alirou* : héb. עַל, c. suff. עָלַי *ali*, au-dessus, en haut, d'en haut ; et subst. רוֹה *roh*, arrosage (d'en haut).

Nuit : taino, *chachou* : héb. שָׁחוֹר *chachor*, noir, sombre ; autre étym. héb. חָשׁוֹךְ *chaschoc*, plur. חֲשֵׁכִים *chaschoukim*, les ténèbres : on dit aussi, taino, *couco* : héb. כּוֹכָב *cocob*, étoile ; l'on pouvait désigner la nuit par le lever d'une étoile ; car entre les tropiques, il n'y a pas de crépuscule et la nuit se fait dès que le soleil a disparu (voir soir).

Où? taino, *aiah?* héb. אַיֵּה *aieh?*

Oui, si, certainement : taino, *aca* : héb. אַךְ *ac;* taino, *ah, ahi* : arabe, *héi.*

Oui, d'accord : *han*, *hanhan* : héb. חַן *han*, accord, bienveillance, gracieuseté, dérivé du v. חָנַן *hânan*, s'incliner, approuver.

Oui : taino, *hinalekia;* composé du kichua *hina*, oui, et de l'hébreu לְ־יִקְהָה *le-ikeah* : לְ prép. préfixe, *a*, *ab*, *propter*, par, à cause de, et יִקְהָה *ikeah*, obéissance, condescendance : oui par obéissance.

Paradis : taino, *coyaba*, *goyaba* (contracté de *goya-aba*) : héb. גָּיְא *goia*, vallée, plaine, pays : אָבָה *ábah* fruit, fleur, verdure, du v. rad. אָבַב *âbab*, fructus protulit, flores produxit. Autre étym. גָּיְא *goia*, vallée pays אָבָה *âbâh* désiré, plein d'attraits : d'où אַהַב *aab*, amour, fém. אַהֲבָה *aabâh*, plur. אֲהָבִים *aâbim*, les amours, les délices. Tout cela est l'image du Paradis terrestre.

Parasol : taino, *bamacâli* : héb. בָּמָה *bâmâh*, arc, voûte ; du v. rad. כָּלָה *câlâ*, paravit, confectus est, ornatus est, on a les adj. construits כְּלִי *keli* ou כָּלִי *câli*, confectus, perfectus, ornatus, confectionné, façonné et orné.

Part, portion déterminée : taino, *nâra* : héb. נְאָרַה *nârah* =אָרַה *ârah*, désigné, défini, limité.

Pierre, pierreux : taino, *tébou*, *thibou*, *shiba*, *siba*, *sibao* : héb. טְבוּר *tébour*, תָּבוֹר *thabor*, תֶּבַר *thébar* = שֶׁבֶר *shabar* ; pierre précieuse, שְׁבוֹ *shebo* ; fragment de pierre, שִׁבָא *shiba;* qui est abondant, שֹׂבַע *seba*. La principale montagne d'Haïti, renommée pour ses richesses minérales et l'abondance de son or, se nomme *Sibao*.

Piqûre : taino, *tahikini* : תַּחִכָּה נִי *thahikî ni*=נִי שַׁחִכָּה *shahikini* ; car ת *th* = שׁ *sh* par permutation : d'où étym. שׁ *sha* qui ; חִכָּה *hiki* ou חִכָּה *iké* a percé, a piqué, préterit du v. נָכָה *nâkâ*, percer, piquer ; נִי *ni* douleur, plainte : *tahikini* est donc « piqûre douloureuse ».

Pleurs, sanglots, gémissements : taino, *nacou-ira* : héb. נְאָקָה *nâkoh*, plur. נַאֲקוֹת *naakoth*, gémissements, pleurs, sanglots ; עִיר *ir* exprime les diverses émotions de l'âme, qui sont la frayeur, les angoisses, les larmes de tristesse et de rage.

Qui (pron. relat.) : taino, *iki* : héb. כִּי *ki*.

Regard, œil, vue, vision : taino, *hizi*, *hatzi* : héb. du v. חָזָה *hazâ*, voir, a vu, on a les dérivés חָזוֹ *hazo*, חָזִי *hazi*, חֶזִי *hézi*, חִזִי *hizi*, regard, œil, vue, vision.

Renom : taino, *icâli* : héb. הֵיכָל *eicâl*, prævaluit, superavit, a prévalu, a surpassé : הֵיכָל *eical*=יָכֹל *iacol*, potens factus est, est devenu puissant, grand et célèbre.

Riche, opulent : taino, *douchi* : héb. דָּשֵׁן *doschen*, dives, opulentus, riche, opulent.

Sac : taino, *chapou*, héb. חָפָה *châpoh*, velat, proteget, il cache, couvre, entoure et protège ; a pour homophone v. חָבָה *chabôh*, abscondet, occultat, il cache, il couvre.

Sacrifice : taino, *anakri* : les v. חָנָה *hânâ* et עָנָה *ânâ* signifient se soumettre à... קְרִי *kri* acte hostile et cruel. 2e étym. v. אָנָה *ânâh* se commit, se réalisa, קְרִי *kri* l'acte cruel ; 3e étym. עָנָה *ânâh*, fait gémir, fait violence, כְּרִית *crith*, bourreau ; *crith* est un dérivé de כָּרָה *câra*, tuer, trancher. Ces diverses formules étymologiques expriment bien le sacrifice.

Salaire, gages : taino, *abemali*, terme contracté de l'hébreu חָבַל *hâbal* donner ou recevoir le salaire ; מָלֵא *mâlé*, c. suff. מָלְאִי *mâli*, plene, complètement, ou plenus, complet.

Salut, bonjour : taino, *mâtecabâ*, *mabouicâ* : 1° matecabâ, dérivé de l'héb. מַטָּה *matâ*, inclination et de כָּבַד *câbad*, honorer, faire honneur ; 2° *mâbouica*, de l'hébreu מָבוֹא *mâbo*, entrée, arrivée ; וּ־יִקָּהָה *û-ikaâ*, avec humilité, avec vénération ; *ikaâ* est dérivé du v. יָקָה *iakâ*, veneratus esse, être vénéré.

Salutation ou l'action de saluer : taino, *amâbôuicarôni* : héb. art. הַ *a*, la, מָבוֹא *mâbô*, arrivée וּ־יִקָּהָה *u-ikaâ* avec soumission, des égards ; רָנֵי *ronéi*, cause des joies, du contentement : *ronéi* est le plur. de רֹן *rôn*, joie (c. suff.) *rôni*.

Serpent, vipère : taino, *bobo*, *boâ* : héb. פְּעָה *poh*, serpent, subst. dérivé du v. פָּעָה *pooh* ou *poâh*, sibilavit serpens. On voit que le taino *bobo* est *bo* redoublé. En héb. les lettres labiales *p* et *b* permutent : c'est pourquoi *pohpoh*=*bohboh*, d'où *bobo* ;

de même aussi *poâh*=*boâh*, d'où *boâ*. Les caraibes disaient aussi *boia* ; mais ce terme est une altération de *boâ*, comme celui-ci l'est de *poâh*. Nous ferons observer qu'en hébreu l'on dit aussi אֶפְעֶה *époh* pour פֶּעֶה *poh*, serpent, vipère ; parce qu'en cette langue, par aphérèse, אֶ *é* se supprime à volonté, comme dans חַד *ad*=אֶחָד *éad*, unus : פְּרוֹחַ *proa*=אֶפְרוֹחַ *éproa*, proles ; תְּכַן *thecan*=אֶתְכַן *éthecan*, donum. La répétition de *bo* qui est *bobo*, rappelle le double signe SS, symbolisant Votan, qui est deux fois serpent, sous les noms de פֶּתֶן *photan* et de שְׁפִים *schiphim*, homophones de Votan et Chivim, qui signifient serpents.

Soir et nuit : taino, *ariabou* : héb. עָרַב *ârab*, עֶרֶב *ereb*, vesper, soir ; עַרְבוּ *arebou*, עֲרָבוֹת *arâboth*, vesperi, les soirs. Entre les tropiques, en se rapprochant de l'équateur, le soir et la nuit se confondent, puisqu'il n'y a point de crépuscule : de là la double signification d'*ariabou*. Nous ferons remarquer que l'hébreu *ereb* est l'origine du nom mythologique Erèbe, fils du chaos et de la nuit et qu'il désigne aussi le fond des enfers même : c'est bien la nuit.

Soleil, divinité ou dieu solaire des Haïtiens : taino *Chémîn*, plur. *Chéménium* : héb. חַמָּן *chamon*, plur. חַמָּנִים *chamonim* ; *chamôn* est le dieu solaire et *chamonim* les images du soleil.

Soleil : taino, *kazic*, *kashi* : héb. חָזִיז khaziz, fulmen, fulgur, feu, flamme, éclair, rayon de feu, lumière vive. Autre étym. voisine קָצֶה *katsé* ou *kazé*. Monde supérieur, ce qui est universel, plage du ciel. On a encore קֶשֶׁת *kasheth*, arcus et Sagittarius : c'est l'arc du Zodiaque que parcourt le soleil dans sa course annuelle et dont le Sagittaire est un des douze signes : ses flèches sont une allégorie au rayons du Soleil.

Soleil couchant ou déclin du Soleil, occasus solis : taino, *soraya* (sanscrit, *surya*) : héb. סוֹר *sor*, occasus, recessus, participe du v. סוּר *sour*, recedere, declinare, serrare, reculer, décliner, s'enfoncer ; סוֹרֵר *sorer*, recedere fecit viam ; סָרַת *sorath*, recessit, se retire. L'été, œstus solis, est שָׁרָב *shorâb*. Les auteurs de l'antiquité disent toujours le couchant d'été ou d'hiver du soleil, qui est le principal objectif, la direction à consulter ; car les anciens navigateurs n'avaient pas la boussole ; ils n'observaient point le lever du soleil, mais le point de l'horizon où il se couchait.

Table : taino, *abâ* : héb. אָבָן *âbân*, dalle, pierre plate ou plane ; la table primitive dut être une pierre plate.

Tache, tumeur : taino, *tilou* : héb. טָלוּא *tâlouh*, maculosus, taché, qui a une tache, une tumeur ; part. du v. טָלָא *tâlo*, d'où emplâtre, תְּעָלָה *tâloh*.

Toi : taino, *té*, héb. fém. אַתְּ *até ;* arabe, *enté*.

Une, une seule : taino, *atâ* : héb. fém. אֲדָא *adâ*, une.

Ver : taino, *liché ;* héb. לָחַךְ *lichec*, lambit, il lèche : לְחַךְ־עָפָר *lichec-âphâr*, il lèche la poussière ou la terre. En taino, ver est aussi nommé *cousi*, *coushi* : héb. גּוּשׁ *goush*, sordes pulveris, impurus, spurcus.

Village : taino, *hâbakani* : héb. חָבַק *kâbak*, est entouré, entrelacé : *kan* קֵן c. suff. קִנִּי *kani*, demeure, lieu du domicile. *Hâbak* a le sens des verbes סָבַךְ *sâbak*, miscuit vel implicuit ramos, et סָבַב *sâbab*, cinxit, circumivit. Le taino *hâbakani* est donc un village entouré de palissades, de branchages ou de quelqu'autre obstacle.

Voleur : taino, *mânami* : héb. מָנַע *mâna*, retenir, retrancher, enlever ; מִ *mi*=מִן *min* et indique quelque partie d'une chose : ex. שָׂבַע־מִן *sâba-min*, satiatus est rei, il s'en est rassasié. Si l'on supposait que le voleur ait employé la force ou l'effraction, *mi* pourrait être l'abrégé de מִיץ *mits*, violence ; car, ainsi que nous l'avons dit à l'Avant-propos, dans le taino, lorsque la consonne finale est dure, elle est toujours supprimée.

Les cent termes du langage taino que nous venons de mettre en regard de l'hébreu qui leur correspond, ont avec celui-ci une identité qui n'est pas contestable. Le langage des femmes d'Haïti est donc bien un dialecte phénicien et ce dialecte démontre parfaitement que cette île fut, dans l'antiquité la plus reculée, peuplée par les phéniciens et plus tard par les Carthaginois ; qu'ils y abordèrent à titre d'exilés et de colons ; qu'ils en furent longtemps les possesseurs, jusqu'à ce qu'étant affaiblis par leurs constantes expéditions vers le continent américain, ils furent surpris et massacrés par une armée de caraïbes, ainsi que le disait la tradition de ceux-ci. Nous nous en tenons à la publication, par ordre alphabétique de la traduction des cent mots français ci-dessus ; bien que nous en ayons traduit davantage ; mais nous devions mettre une limite au travail si fastidieux des étymologies ; et il nous suffit de dire que les cent mots taino reproduits ici, forment presque *le quart* du dialecte des Caraïbes d'Haïti, puisque le vocabulaire de Raymond Breton, qui est le plus étendu ne contient guère au-delà de quatre cents mots. Son catéchisme que nous n'avons pas analysé, en contient sans doute davantage. Nous ferons remarquer, que le nom de taino, étant la désignation d'une langue *noble* et *sacrée*, il ne devait pas être donné indistinctement à tous les dialectes d'Haïti ; qu'étant pour *un quart* dans la langue haïtienne, cette proportion est notable ; que ce quart des mots provient du langage des femmes héthéennes et chévéennes, et que jusqu'ici dans toutes les publications qui contiennent plus ou moins de mots de la langue ancienne des grandes Antilles, il y a eu une confusion complète entre le phénicien et le caraïbe des insulaires : tandis que le taino d'Haïti ne devrait désigner que le langage des conquérants phéniciens ou carthaginois, que nous ont transmis leurs femmes et les descendants de celles-ci.

Quoi qu'il en soit, nos étymologies ajoutées à notre introduction historique, à notre dissertation et aux démonstrations contenues dans nos chapitres précédents, concourent à l'ensemble des faits nombreux, qui établissent l'importance de notre découverte et qui justifient le titre de notre écrit « Les Phéniciens à l'île d'Haïti et sur le continent américain. » Puisse notre exemple servir aux gens studieux qui voudront marcher dans la voie des recherches que nous leur traçons, en prenant pour point de départ *la tradition*.

Bien que les faits parlent d'eux-mêmes; que la clarté de nos citations historiques suffise pour convaincre les esprits les plus rebelles à tout raisonnement, nous n'avons pas l'intention de combattre l'opinion qu'ils se feront sur nos études américaines et, les laissant libres dans leur jugement, nous leur dirons, comme Sylla à Lamprias, « Prenez de ce récit telle idée qu'il vous plaira. »

APPENDICE A.

—

Nous ne savons rien des temps préhistoriques ; mais les premiers peuples eurent une civilisation qui dégénéra rapidement pour des causes qui nous sont inconnues ; toutefois nous en voyons les traces dans les traditions fabuleuses, qui constatent l'heureuse existence de l'âge d'or au temps de Saturne ; car ce fut lui qui enseigne l'agriculture aux hommes et vint régner en Italie, qui fut appelée Saturnia Tellus. Mais remarquons que ces traditions nous apprennent que Saturne s'attacha à Phylire que l'on disait être *fille de l'Océan*. Tyrrhenus, qui donna son nom à une contrée de l'Italie, était fils d'Athys qui s'attacha aussi à la nymphe Sangaris, *autre fille de l'Océan*, comme le furent toutes les nymphes, filles de l'Océan et de Téthys ; on les appelait aussi Néréides, parce que Nérée, dieu marin, était *fils de l'Océan*. Cette sorte de généalogie des dieux et des déesses de l'Océan, indique allégoriquement que les Tyrrhéniens avaient une origine Atlantique ; qu'ils durent avoir traversé et exploré l'Océan et que, selon toute probabilité, ils eurent des établissements en Amérique, si toutefois ils n'en étaient point originaires. A cet égard, en aurions-nous les preuves dans l'affirmation du savant Brasseur de Bourbourg, qui aurait relevé *au moins la moitié des mots du Dictionnaire latin* de Noël, dans le groupe des langues mexico-guatémaliennes ? (p. 11, Quatre Lettres sur le Mexique). Je ne suis pas à même de contrôler ce fait ; mais je le consigne ici ; car s'il était vrai, de deux choses l'une : ou les Tyrrhéniens ont apporté la langue latine d'Amérique, ou bien, au contraire, ce sont les Tyrrhéniens qui y ont introduit la langue latine. Dans ce cas, ils durent avoir eu des établissements dans le Nouveau-Monde ; mais ils y furent sans doute anéantis par suite du blocus du détroit de Gadès (Gibraltar), que firent les Carthaginois pendant trois cents ans et par la fusion de leur race avec celles des peuples autochthones.

APPENDICE B.

Pour la clarté des faits qui touchent à l'histoire si obscure de l'antiquité, nous allons donner quelques indications préliminaires. Les Phéniciens, dès les temps les plus reculés, naviguaient sur toutes les mers et, avant la guerre de Troie, les Grecs eurent leur premier vaisseau pour l'expédition des Argonautes ; puis on vit la flotte égyptienne de Sésostris entrer dans l'Océan ; dès cette époque jusqu'au temps d'Alexandre, il est admissible que les Grecs, très entreprenants d'ailleurs, aient pu traverser l'Atlantique et qu'ils aient réussi à s'établir en Amérique.

Parmi les six Hercules nommés par Cicéron et les quarante trois que désigne Varron, retenons l'Hercule Grec, l'Hercule phénicien et l'Hercule, auteur des Lettres phrygiennes. L'Hercule grec est celui qui institua, 776 ans avant J.-C., les jeux Olympiens qui se renouvelaient tous les quatre ans : d'où la façon de compter les années par Olympiades. L'Hercule phénicien est sans doute celui qui participa avec la reine Didon à la fondation de Carthage 884 ans avant l'ère chrétienne. Mais ce serait vers cette époque que naquit l'Hercule, auteur des Lettres phrygiennes. Ce savant aurait vécu dans l'empire des Grecs, en Asie mineure, et dont la domination sur les pays des Troyens et des Phrygiens, était déjà ancienne. Par le fait, cet Hercule était un sujet Grec; il traversa l'Océan pour visiter les *Maropas* (Méropiens) chez lesquels il y avait des Grecs, là sans doute, où sont aujourd'hui, en face de la Lybie (Afrique), les possessions brésiliennes. Les Maropas forment encore aujourd'hui une nation acculée aux Andes orientales de la Bolivie, et elle est signalée par le grand naturaliste et explorateur Alcide d'Orbigny, dans son ouvrage « L'homme américain. » Hercule alla aussi au nord de l'Amérique appelé « le Continent Cronien, » dans la mer Saturnienne, où habitaient des nations Grecques ; et, dans cette expédition, il avait pour compagnons des lettrés, des moralistes et des légistes. C'est Théopompe, orateur, historien et poète Grec, né à Chio, en l'an 358 avant J.-C., qui nous transporte chez les Méropiens (Ælianus, hist. lib. 3.); tandisque c'est le général romain Sylla (Plutarque, traité sur l'orbe lunaire), qui raconte à Lamprias ce qu'il apprit à Carthage d'un savant voyageur étranger, au sujet des Grecs qui habitaient le Continent Cronien, jusqu'où s'étendait, au moins nominalement, la souveraineté de Mérope..

La Phrygie eut une dynastie de dix rois, sous les noms de Gordius et de Midas. Silène, confident de Midas II, fils de Gordius IV, et qu'il ne faut pas confondre avec Silène, le nourricier de Bacchus, ni avec d'autres Génies familiers du même nom : Silène, disons-nous, d'après Théopompe, enseigne à Midas, roi de Phrygie, qu'au delà et loin des trois continents d'Asie, d'Europe et de Lybie, existe un véritable et unique continent d'une immense étendue; il dit que les habitants de ce continent sont appelés *Maropas* (1), Silène, parlant de ce quatrième continent, dit qu'il est gouverné par Mérope, fille

(1) Æliani variæ historiæ, lib. III, édition de Firmin Didot.

d'Atlas II, roi de Lybie. » Il résulte du rapprochement de ces divers personnages, qu'Atlas II était contemporain de Gordius IV, vers l'an 900 avant J.-C., et que sa fille Mérope (Maropa) était contemporaine de Midas II, vers l'an 850 avant l'ère chrétienne : c'est donc à cette seconde époque qu'Hercule, le lettré, se rendit en Amérique, trente-quatre ans environ après la fondation de Carthage.

Evitant les temps obscurs ou fabuleux d'Atlas I et de Midas I (2), nos recherches n'ont pas procuré des dates historiques plus anciennes que celles des personnages que nous avons désignés, et nous avons déterminé ces dates, en comparant avec soin les chronologies de plusieurs bibliophiles et historiens, qui sont loin d'être d'accord entre eux. Pour l'histoire ancienne de l'Amérique, qui est encore à faire, les dates que nous donnons seront utiles ; car nous les croyons assez précises. Les Grecs établis sur le Continent Cronien, devaient avoir fait leur migration environ mille ans avant l'ère chrétienne. En l'honneur de Saturne, ils avaient créé des pélérinages à l'île d'Ogygie, l'une des Hébrides dont le nom ancien est Hémude ou mieux encore *Hamud*, dérivé de la langue primitive, du mot kichua *hamuc* qui signifie « le temps qui vient, l'avenir ; » Saturne est, en effet, la personnification du Temps ; mais, selon le kichua, du temps à venir, ce qui le distingue de Janus qui, ayant deux visages, regardait le passé et l'avenir.

L'étymologie de Maropa se trouve aussi dans la langue kichua, qui fut parlée dans toute la vallée des Amazones, avant que les Kichuas et les Méropiens ou Maropas fussent refoulés par les Guaranis du Brésil vers les contreforts des Andes de l'Amérique méridionale. En kichua, *maro* est « terre ». son génitif est *marop* ou *maropa* de la terre ; Maropa, c'est l'identification du grec *gheghenès*, née de la terre, née au pays. Les

(2) Midas, ayant eu pour successeurs plusieurs Gordius et Otreus, avant Midas II, aurait vécu à une époque voisine du déluge de Deucalion.

Grecs, chez les Méropiens du Sud, ont pu être aussi mêlés aux Kichuas : c'est qu'en effet, la langue kichua contient *un millier de mots grecs* que nous y avons relevés, et ils y sont dans la proportion d'un quinzième de cette langue. Selon toute apparence, la nation Maropa, établie aujourd'hui près des Andes boliviennes, est un reste de la nation sur laquelle regna Mérope. La situation géographique de ce peuple est fixée sur la carte, dans l'ouvrage « L'homme américain, » par le savant naturaliste et explorateur Alcide d'Orbigny. Mais ici se présente un autre fait fort singulier : c'est que les Grecs, qui étaient chez les Méropiens, durent être également refoulés avec ceux-ci vers les Andes; car la région des Maropas est baignée par la rivière *Apolo* (Apollon), et il y a là une province Apolo-bamba ; on y trouve aussi la bourgade *Atèn* (Athènes) : nous écrivons ces noms selon l'orthographe espagnole. Près de là, est la tribu *Itonama*, qui rappelle *Iton*, fils de Deucalion et inventeur de l'art de travailler et de façonner les métaux ; près de la rivière Apolo et voisine d'Itonama, est la tribu *Tacana*, terme kichua qui signifie marteau et tout outillage de forgeron : ce qui confirme qu'Itonama est un souvenir d'*Iton* qui travaillait les métaux. Nous y signalons encore la tribu *Isiama* qui rappelle les Isiaques, prêtres d'Isis et les fêtes isiennes. Par l'ensemble de ces divers faits, l'on voit un souvenir des Grecs chez les peuplades sauvages de cette contrée, au pied des Andes et dans un même cercle territorial. Tout cela est fort significatif et mérite des recherches semblables à celles que nous avons faites pour confirmer la présence des phéniciens à Haïti dans les temps antiques.

Passons maintenant à la narration de Sylla. Comme elle est fort longue, nous n'en donnerons que les passages essentiels à notre démonstration. Sylla tient le langage suivant à Lamprias : « Je vous dirai avec Homère : loin de nous, dans la mer, est l'île d'Ogygie, distante de la Grande Bretagne, vers le Couchant, de cinq journées de navigation. Il y a encore trois autres îles situées précisément vers le Couchant d'été du Soleil, également distantes les unes des autres. » Or, en jetant les yeux sur la carte, si nous allons au N.-O. des Iles Britanniques, au Couchant d'été du Soleil, nous rencontrons les Hébrides appelées anciennement *Hémudes* et aussi plus récemment Hébudes (par corruption). L'île d'Ogygie est la principale de ce groupe vers l'ouest ; partant de là en direction du N.-O., nous rencontrons successivement les îles Shetlands, Fœroé et Islande, qui sont, comme le dit Sylla, à égale distance les unes des autres. C'est au-delà de ces îles qu'est la mer Saturnienne. Les habitants de ces îles disent que la grande Terre-ferme (Amérique), qui environne l'Océan, est éloignée de l'île d'Ogygie d'environ cinq mille stades et un peu moins des autres îles. Sylla, donne ensuite quelques détails sur la difficulté de la navigation de la mer Saturnienne, en raison des courants, des vases, des banquises charriées et des attérissements qui s'y forment. Il est facile, par cette description, d'y reconnaître les parages du golfe dans lequel débouche le fleuve St-Laurent. M. Brasseur de Bourbourg, croît y voir une allusion à la baie de Hudson ; mais comment supposer une navigation possible dans cette mer de glaces? Sylla continue en disant que « les côtes de cette Terre-ferme *sont habitées par des Grecs*, qui s'étendent le long du golfe, lequel est non moins grand que les Palus Méotides (mer d'Azof) ; ils se disent habitants de la Terre-ferme et ils nous regardent comme des insulaires. »

« Les compagnons d'Hercule, dit Sylla, qui furent *avec lui* dans cette contrée, s'y mêlèrent avec le peuple de Saturne et y *restèrent*, alors que leur langue était abatardie et ils rétablirent les mœurs grecques presque étouffées sous les lois et par les coutumes des barbares. » Sylla continuant, dit encore, que « chaque trente ans, en l'honneur de Saturne, ces habitants vont aborder dans des îles opposées qu'habitent *des nations grecques* et où ils voient, pendant un mois, le soleil se coucher à peine pendant une heure par jour. » Par cette narration, on voit que les Grecs du Continent Cronien ou de la Terre-ferme qui borde la mer Saturnienne, faisaient des expéditions au cercle polaire, à des îles et au Groenland sans doute, qu'habitaient d'autres populations grecques. Voilà donc des traditions écrites, des données précieuses pour l'histoire ancienne de l'Amérique et pouvant aider aux recherches que feraient des savants et des philologues sur les émigrations et les établissements des Grecs en Amérique, en procédant comme nous venons de le faire pour les Phéniciens à Haïti : c'est-à-dire, en s'assurant des traditions des indigènes du Canada et en examinant leurs divers et anciens dialectes de l'extrême nord.

Pour faciliter les recherches dans les fragments littéraires de Théopompe, il est bon de consulter dans l'Edition de Firmin Didot, le livre III, Variæ historiæ Æliani, p. 329, où le texte latin se trouve en regard du texte grec. Silène, en signalant à Midas l'existence de plusieurs villes sur le grand continent américain, indique deux villes fort grandes : l'une nommée *Bellicosa*, la belliqueuse ou la guerrière ; l'autre, *Pia* dont les diverses significations sont la pieuse, la libérale, la bonne, la bienfaisante, la pacifique; celle-ci est ainsi nommée parce que sa population vit dans l'abondance des richesses de la terre et dans une heureuse paix. Quant aux habitants de la Bellicosa, ils sont tous guerriers et dès leur bas âge ils manient les armes. Ce pays possède beaucoup d'or et d'argent, et chez eux l'or est comme le fer chez nous. Silène dit que de nos îles (l'Europe, l'Asie et l'Afrique) mille myriades d'hommes ont pu parvenir chez les Hyperboréens, à travers l'Océan, et que ceux-ci étaient très contents de se voir au milieu de nous. Dans un autre fragment de Théopompe, en parlant des *Maropas*, il dit qu'ils ont beaucoup de grandes villes ; mais qu'au point le plus éloigné de leur pays, il y a un lieu nommé *Anoston* (en grec) et (en latin) *Irremeabilem* : c'est-à-dire, lieu perdu, d'où l'on ne peut revenir; qu'il est entouré ni de ténèbres ni de lumière, et que l'atmosphère y est épaisse et d'un rouge foncé : n'est-ce pas le

Pays de l'ombre qu'avaient primitivement habité les Chichimèques et qu'ils abandonnèrent pour se rendre au Mexique par la voie de terre? Aux environs de ce lieu dit encore Théopompe, il y a deux fleuves : l'un est appelé fleuve de la Volupté et l'autre fleuve de la Tristesse ; et auprès d'eux il y a des arbres *platani* (platanes ou érables) d'une grande hauteur ; mais les fruits que l'on cueille près du fleuve de la Tristesse, ne sont pas mangeables. Théopompe dit qu'à Chio les habitants croient à ces narrations et, que lui, il les regarde comme des fables. (Æliani variæ historiæ, p. 330). Cependant nous ferons remarquer que si les Grecs de l'île de Chio avaient ces traditions, elles confirmeraient la narration de Sylla, qui enseigne que les Grecs avaient habité chez les Hyperboréens de l'Amérique.

Notre livre, ayant pour base les *traditions*, qui y sont justifiées, nous disons que toute tradition, même déraisonable, contient une vérité, et que si la vérité était au fond d'un puits, il l'y faut chercher.

APPENDICE C.

—

En lisant les comptes-rendus des séances de l'Académie des Inscriptions et Belles-Lettres, où figurent souvent les noms de Messieurs Michel Bréal, Ernest Renan, Gaston Paris et Jules Oppert, on est stupéfait de la légèreté et de l'inexactitude, frisant parfois l'ignorance, avec lesquelles quelques uns lisent à leurs collègues de l'Institut des communications se rapportant à des inscriptions traduites par eux de la façon la plus fantaisiste, honteuse même, pour des membres d'un corps savant. Cependant, leurs traductions, jamais controlées ni discutées, sont considérées comme exactes et sont imprimées dans les comptes-rendus de l'Académie ou dans des fascicules superbes dont l'Etat, disons les contribuables aveugles, font les frais. Ces imprimés sont pleins d'exemples de ce que nous avançons : on pourrait en faire des volumes pour l'éreintement de plus d'un de ces réputés savants et pour réduire à sa juste valeur l'importance que l'on attribue à ces oracles de la science; mais, bornons-nous aujourd'hui, en raison des limites assignées à notre livre, à signaler la séance du 23 mars 1888, dans laquelle M. Michel Bréal, revenant sur une de ses communications précédentes, rappelle qu'il avait traité d'une inscription ainsi conçue : « *Herentateis sons*, » qu'on traduit ordinairement, dit-il, par « *J'appartiens à Vénus* »; mais il prétend que cette interprétation est erronée et doit être remplacée par celle-ci : « *Par décision du Sénat ou de la Curie.* » Le lecteur doit être étonné de la différence de ces deux traductions : il y a donc lieu d'examiner.

En lisant *herentateis sons*, on reconnaît que ces mots affectent une physionomie plus ou moins latine : d'autant plus que *sons* est un substantif latin qui veut dire «l'accusé, le coupable». Mais *herentateis* n'est pas latin et M. Bréal n'en a pas su la signification ; cependant il veut que celà signifie le *Sénat* ou la *Curie.* Lequel des deux? L'ablatif du latin *sons* est *sonte* mais comme M. Bréal veut que *sons* soit traduit «*par decret*, » *sons* serait aussi un ablatif : en quelle langue? C'est un mystère à expliquer ; car les termes de cette inscription et de la suivante qu'on verra, ont été relevés dans une contrée où la langue osque fut celle de la Campanie, celle des Samnites, des Calabriens et de plusieurs autres petits peuples, formant une confédération osque, voisine de la Grande Grèce. Or, *sons*, en tant que osque, est forcément un nominatif de la deuxième déclinaison de cette langue et se décline comme *abellans :* donc *sons* aurait pour ablatif singulier *sonod* et pour abl. pluriel *sonois.* Les ablatifs de la première déclinaison sont en *ad* et *ais*, et ceux de la troisième sont en *ud* et en *is*. Sons n'est donc point un ablatif et ne signifie pas *decreto*, par décret. Ce point étant éclairci, à la confusion de M. Bréal, celui-ci sait bien que l'osque, le grec et le latin ont beaucoup de racines qui leur sont communes; mais qu'une foule de mots grecs et latins ont les désinences des osques en *a*, *o*, *ai*, *ei*, *oi*, *ais*, *eis*, *ois*; les latins, plus particulièrement, y ont pris les terminaisons de l'accusatif singulier et des génitifs pluriels. Enfin, faisons remarquer que beaucoup d'éléments de la langue latine ont été puisés dans l'osque qui est plus ancienne qu'elle; mais que dans la formation de leur grammaire, les latins ont supprimé des lettres qui terminaient les mots osques. C'est pourquoi, nos professeurs, pour chercher l'explication des termes osques et les assimiler aux termes latins, simplifient les désinences de ceux-là par des suppressions de lettres et leur donnent ainsi une physionomie latine. Celà réussit quelque fois; mais, comme nous l'allons démontrer, ces professeurs, membres de l'Institut, se fourvoient complètement; parce que dans leur savoir, ils n'ont pas jusqu'ici tenu compte de l'élément phénicien, qui a existé dans la plus haute antiquité chez les osques, et qu'ils n'ont pas même la pensée, que les phéniciens qui furent les dominateurs de la Méditerranée, en même temps que les plus grands commerçants du Monde, avaient des comptoirs et des colonies dans la péninsule italique; ils oublient que l'alphabet osque est d'origine phénicienne; mais que, malgré celà, on trouve des inscriptions en langue osque, écrites avec des caractères grecs et latins. Il en est de même du phénicien que parfois chez les osques, on écrivait avec des caractères non phéniciens : c'est un fait peut-être ignoré, mais dont j'ai plusieurs preuves. Faut-il rappeler aux professeurs d'histoire qu'en l'an de Rome 245, cette ville avait un traité avec les Carthaginois, qui aussi étaient phéniciens et qu'Annibal occupa l'Italie pendant treize années et qu'il s'était emparé de Capoue, qui, selon Cicéron, était l'émule de Corinthe et de Carthage; c'est auprès de Capoue que l'on a trouvé les inscriptions que M. Bréal a si mal traduites. D'après ce que nous venons de dire, il ne peut y avoir de doute qu'en Italie la langue phénicienne a été partiellement, en usage ; d'où l'on peut supposer que dans la Campanie existent des inscriptions phéniciennes, écrites, selon l'époque et la mode, avec des caractères divers, comme celà à lieu pour l'osque même.

Mais pour affirmer son opinion, M. Bréal invoque *un précédent*, en citant cette autre inscription : « *Sepieis helevieis sons* » qu'il transforme en *sepii helvii decreto*, lui donnant une physionomie plus latine, et il veut que celà confirme sa traduction précédente « Par décision du Sénat ou de la Curie. » Faisons remarquer, 1° que l'inscription *herentateis sons* fut découverte en Italie, près de Capoue, dans l'ancienne Campanie; 2° qu'anciennement ce littoral était fréquenté par les Latins, les Grecs, les Tyrrhéniens et avant eux, par les Phéniciens qui y commerçaient; 3° qu'on y a parlé leurs langues qui furent écrites diversement; 4° que les caractères latins et grecs y ont aussi servi pour écrire les diverses langues en usage, comme avec les caractères latins, nous écrivons de nos jours le grec, l'hébreu, le kichua, etc. Or, si M. Bréal, au lieu d'invoquer des précédents, pour se tirer d'affaire, alors que c'est lui même et ses collègues, *qui établissent les précédents;* si, disons-nous, M. Bréal s'était rendu compte de la présence de plusieurs peuples anciens, navigateurs, qui fréquentaient la mer tyrrhénienne, n'aurait-il pas dû supposer que lesdites inscriptions, fussent-elles, écrites en caractères osques, latins ou grecs, pouvaient appartenir à l'une des langues des plus anciens navigateurs et dominateurs de la Méditerranée? C'est pourtant ce qui a lieu pour *herentateis sons* aussi bien que pour *sepieis helevieis sons*, comme nous l'allons démontrer. Nous nous demandons d'abord, comment il se fait que M. Michel Bréal qui est helléniste, latiniste et hébraïste, *puisqu'il est Juif*, n'a pas compris que les Phéniciens et les Carthaginois avaient laissé en Campanie, des traces de leurs expéditions guerrières et maritimes, de leurs mœurs et de leur langage ; est-ce que par hasard l'alphabet campanien n'est pas un composé de l'alphabet phénicien?

Ainsi, au lieu de rejeter la traduction *traditionnelle* de *herentateis sons*, qui est « J'appartiens à Vénus », pour résoudre la question, j'ai cherché si l'hébreu, qui est le phénicien, ne venait pas confirmer cette tradition. Je dois avertir d'abord le lecteur, que, dans les inscriptions archaïques, l'orthographe des mots et leurs intervalles existaient rarement ; que les lettres d'un mot se confondaient avec celles du mot voisin et que les graveurs ignorants écrivaient sans régularité ; en sorte que le philologue a pour première obligation de chercher, par la division et le groupement des lettres, la véritable formation des mots. Dès lors, leur traduction est d'autant plus facile que l'on a pu découvrir le dialecte auquel ils appartiennent. C'est en opérant de cette façon que j'ai trouvé que les inscriptions ci-dessus étaient phéniciennes. Ainsi, l'inscription *herentateis sons* est formée des trois mots *heren-tatei-sons :* phénicien אַחֲרֵן *hærèn*, sequens, celui qui suit, qui recherche ou aime, תַּחְתֵּי *tahlèi*, sub, infra, pars inferior, (poèt. de loco occulto), à l'endroit caché, *utero matris* (Gesenius. p. 963), סְאֹן *son*, lutum ou luteum, ce qui est vil, bas, immonde, impur : d'où Cicéron dit *lutulentum* plongé dans la fange du vice. Il faut que l'on sache que les poètes latins appelaient *matres* les déesses ; *mater* s'applique donc à Vénus, d'où l'allusion des termes ci-dessus. Un Cupidon quelconque, les amants de Vénus, parmi lesquels furent Mars, Vulcain, Adonis, Anchise, etc, pouvaient dire « J'appartiens à Vénus », à la déesse, utero matris. Nous avons encore le verbe שֹׁנֵם *sones*, violenter, unir. On voit que les divers termes phéniciens de l'inscription se coordonnent entre eux et que ma traduction est exacte. Nous pouvons ajouter que l'hébreu ou le phénicien possède un verbe שָׁכַן *son*, acclinare, avoir du penchant pour, adnixus esse, s'adonner à, incombere, s'attacher à, recumbere, cubare, avoir avec une femme un commerce de galanterie (Plaut.) ; enfin, est remarquable le rapprochement de ces termes avec le latin *sons* « coupable », puisque les amants de Vénus participaient à toutes ses débauches et que les poètes de l'antiquité la traitaient d'infâme déesse. Quoi qu'il en soit, le lecteur est désormais fixé sur la signification véritable de *heren-tateis-sons ;* il est certain que je démontre, que je précise et que je justifie mes traductions, qui sont l'écrasement des interprétations de M. Michel Bréal, membre de l'Institut et professeur au Collège de France. Ce professeur étonnant, invoquant de prétendus précédents pour les besoins de sa cause, a voulu que, dans l'inscription *Sepieis helevieis sons*, ce dernier mot eut aussi la signification de *decreto*, et c'est sur ce mot *sons* qu'il a échafaudé l'interprétation de l'inscription que nous avons traduite. Quelques mots vont me suffire, pour démontrer, que les termes *Sepieis helevieis sons*, transformés en *Sepii helvii sons*, par M. Michel Bréal, au moyen de syncopes et d'apocopes, appartiennent aussi à une inscription phénicienne : en effet, par permutation des labiales *p* et *b*, on a, au lieu de *sepii*, זְבִחִי *sebii*, sacrificium, יֵשׁ *es*, adfuit, evenit, accidit, עְלוֹהִי *helovi* ou עֲלוֹהִי *helevi*, propter, ad, ob, יֵשׁ *es*, vitam, existentiam, סָאן *son* luteam, fangeuse, immonde, ou encore שׂוֹנֵא *sone* odiosam, hostilem, adj. du v. שָׂנֵא *sone* haïr. Ladite inscription signifie donc : « Le sacrifice eut lieu à cause de son existence vile, immonde ou hostile, odieuse. » M. Bréal dit que ces inscriptions se rapportent *à la dédicace d'un objet inconnu*, désigné sous le nom de *io-vila* : Or, pour savoir ce qu'est ce prétendu nom, il suffit de rapprocher de *io* la lettre *v* qui lui appartient et de lire *iov-ila*, deux termes phéniciens יו *iov* dieu, עַל *ila*, *causâ*, à cause de, pour l'amour de ,.. — pour dieu, pour la cause ou le droit de dieu. — Cette dédicace pourrait avoir encore la signification de « Au dieu suprême », si l'on admettait le mot chaldéen עִלַי *ila*, supremus et au datif supremo. Elle se rapporte au *sacrifice* de l'inscription Sepieis helevieis sons. M. Bréal fera donc bien de ne plus traduire les inscriptions qui viennent d'Italie; qu'il s'en tienne à l'enseignement technique de la Grammaire comparée des langues indo-européennes ; mais qu'il ne se risque plus sur un terrain qui lui est inconnu, pour y étaler son ignorance en pleine académie. C'est ainsi que tout membre de l'Académie des Inscriptions et Belles-Lettres, ayant le privilège d'enseigner à sa guise, d'être docteur ou charlatan, d'être cru sur parole scientifique, sans contrôle ni débats, fait devant ses pareils distraits ou endormis, l'histoire du Monde ancien, au moyen d'interprétations les plus fantaisistes, à la grande satisfaction des naïfs, venus pour entendre et voir un savant. Quel mécompte !

Dans la séance du 3 août 1888, l'outrecuidant M, Michel Bréal oublie qu'il parle devant une réunion de savants : s'adressant à eux, comme à des collégiens de la classe de cinquième, il leur enseigne que la lettre grecque η *êta* est bien connue pour avoir deux valeurs phonétiques différentes ; qu'elle a été d'abord consonne, puis est devenue voyelle. Il explique cette transformation par une valeur *archaïque* de cette lettre qui anciennement était une syllabe ayant la valeur de *hé*. Dans ces conditions elle était employée tantôt comme une consonne *h* tantôt comme un *é* ; mais, comme l'*é* fermé était déjà représenté dans l'alphabet grec, cette voyelle prit la valeur de l'*è* ouvert. Ce que rapporte M. Bréal au sujet de la voyelle *êta*, transformation de *hé*, est une preuve du peu de science de ce professeur. Lui, qui est académicien et israélite, peut-il ignorer que l'origine de η *êta* est la lettre chaldéenne et hébraïque ה *hé* : que celle-ci est employée, en hébreu, comme consomme *h* légèrement aspirée et qu'elle a aussi, comme voyelle, l'emploi de *é* fermé et de *è* ouvert; en outre, comme article défini, que M. Bréal apprenne que cette voyelle a le même rôle en hébreu et en grec. Comment ? c'est après plus de trois mille ans d'existence de ces deux langues, qu'un professeur du Collège de France, vient discourir gravement sur une lettre de l'alphabet grec devant l'Académie des Inscriptions et la fait épeler ! Ceci et ce que nous avons fait voir des traductions épigraphiques de M. Bréal, doivent suffire pour nous rendre méfiant devant l'invasion des pédagogues universitaires et des Juifs prétentieux dans les Académies. Quant à moi, c'est avec un haussement d'épaule, que j'apprends que M. Michel Bréal est Président de la Société historique ! Je viens de faire connaître, en sa personne, l'historien, le philologue, et aussi, comme à l'Académie, les choses se font, *ut quidquid actum est.* Alphonse Daudet, dans « l'Immortel », ne nous enseigne-t-il pas comment des nullités ont eu leur fauteuil à l'Institut ? Il y a donc par là des réputations surfaites : *si hoc ita est, qui illos dii perduint !* En ce qui concerne les deux inscriptions ci-dessus, et en faisant remarquer que la langue phénicienne était la même que l'hébraïque, nous nous demandons comment un Juif, membre des Inscriptions, est-il si peu versé dans sa langue naturelle ? ou bien dissimule-t-il, pour échapper aux étrivières de M, Edouard Drumont ?

La réputation de savant, qu'ambitionne celui qui songe à monter sur l'estrade académique des Inscriptions et Belles-Lettres, n'est donc plus pour lui qu'un appât trompeur, un mirage incertain : malheur à lui ! car tout candidat se condamne lui-même au rôle à la fois le plus triste et le plus plaisant qu'on puisse s'imaginer, pour une durée de plusieurs années. En effet, voici comment les choses se passent : chaque vendredi, à l'heure réglementaire, la séance est ouverte ; trois savants occupent le bureau, un président et deux assesseurs. Le sécretaire lit rapidement le compte-rendu sommaire de la séance précédente ; puis la parole est donnée à celui des académiciens qui a une communication à faire ; vient ensuite le tour du candidat : alors le président dit : la parole est donnée à M. X... pour une lecture. A cet instant, tous les membres de l'Académie des Inscriptions se lèvent : chacun met sa serviette sous le bras et le défilé commence ; les fauteuils sont vides et le malheureux postulant n'a d'autres témoins que ceux du bureau et trois ou quatre journalistes qui, par commisération, restent et prennent des notes. Croyez-vous, lecteurs, que ces trois individus qui forment le bureau, écoutent la lecture ? Jamais de la vie ! ils profitent de ce temps, pour faire leurs correspondances privées, et lorsque le candidat a fini sa lecture, son silence avertit le président qui lève la séance, en disant qu'il sera fait mention de cette lecture au compte-rendu : c'est tout. On voit, d'une part, que la politesse n'est pas de mise chez ces académiciens des Inscriptions ; d'autre part, qu'ils ne portent aucun intérêt à la science et que parfois ils redoutent des lectures qui confondent leur savoir.

Le rôle du postulant, qui subit des affronts pareils pendant plusieurs années et qui est en but à toutes les humiliations, sent éteindre en lui tout sentiment élevé ; et lorsqu'il obtiendra par l'intrigue et les courbettes un fauteuil aux Inscriptions et Belles-Lettres, son caractère aigri en fera un personnage grincheux ; sa science sera infaillible et, dans son outrecuidance, il se prendra pour un demi-dieu. Dressé à l'école de ses prédécesseurs, connus généralement pour leur grossièreté, il se vengera à son tour de ses anciennes humiliations, sur tout nouveau prétendant à l'Institut. Les exceptions à cette loi fatale sont des plus rares. Ce que nous venons de dire, nous conduit à regarder l'Institut sous ses divers aspects, qui rendent ses membres de moins en moins respectables ; cependant comme le dit Jésus, selon Saint-Mathieu (1) : « Ils aiment qu'on les salue dans les places publiques et qu'on les appelle *Rabbi* ou docteurs. »

La coutume d'enregistrer purement st simplement, sans contrôle et sans critiques, la traduction des inscriptions archaïques ou épigraphiques, faite par certains membres de l'Institut, les ont rendus audacieux et présomptueux, comme nous l'avons fait voir, en constatant par des preuves l'incapacité de M. Michel Bréal. Mais, comme personne ne leur réplique ou leur barre le chemin, ils ne savent pas s'arrêter à temps ni se taire ; ils

(1) Chap. XXIII, v. 7 et 23.

sont de l'Institut et professeurs : donc ils ont le droit de publier jusqu'à des âneries. Les ânes savants du Cirque sont au moins susceptibles de progrès ; car ils sont corrigibles et apprennent.

Comme à propos du prix Volney, ainsi qu'on le verra plus loin, certains Juifs de l'Institut décidèrent de mettre mes œuvres sous le boisseau, pour décerner ce prix à un juif italien, professeur à Milan, j'éprouve le besoin d'user de représailles contre ces Juifs qui. selon M. Edouard Drumont, vous guettent au passage, *pour vous barrer la route, si vous portez des idées ou des découvertes.* Ce n'est donc pas à propos de bottes, que je me décide à signaler M. Jules Oppert, qui n'est pas de la commission *à vie* du prix Volney, mais qui l'est de la commission du prix Loubat, désignée pour récompenser les ouvrages historiques et épigraphiques concernant l'Amérique. Or, je me demande pourquoi ce Juif, homme envieux par dessus tout, a accepté de faire partie de ladite commission? Le motif et la réponse sont ci-dessus dans l'appréciation de M. Drumont ; en plus, son tempérament le porte à se fourrer partout : c'est pourquoi on l'appelle « le petit intrigant. »

Lecteurs, écoutez bien ceci : Il y a quelques années l'on envoya d'Amérique une inscription en caractéres phéniciens et connue sous le nom de *Grave Creek.* Comme la langue phénicienne est l'hébraïque, la découverte de ce monument dans le Nouveau-Monde fit sensation ; alors, messieurs les hébraïsants de l'Institut et ceux du dehors, *ayant reconnu* que l'inscription était en *caractères phéniciens*, se mirent à en faire la traduction. Le compte-rendu du Congrès des Américanistes, qui se tint à Nancy en 1875 en fait foi, et plusieurs traductions du monument de *Grave Creek* y furent imprimées, avec l'accompagnement du *fac simile* de l'inscription ; aucune d'elles ne se ressemblait ; mais la plus ridicule de toutes fut celle de l'israëlite vaniteux Jules Oppert de l'Institut, et elle fit la joie de tous les hébraïsants. Depuis cet échec, ce savant s'est jeté à corps perdu dans l'étude des caractères cunéiformes et de la langue assyrienne, où il passe pour être maître, de même que M. Renan l'est pour la langue phénicienne; ils sont surtout forts et sûrs d'eux, lorsqu'ils traduisent des inscriptions bilingues, c'est-à-dire que ces inscriptions étant en deux langues, comme l'hébraïque et la grecque, côte à côte, la lecture du grec fait traduire l'hébreu qui en est la reproduction; mais, si les traductions bilingues sont plus ou moins exactes, il n'en est plus ainsi, lorsqu'il s'agit de traduire l'inscription gravée en une langue unique; rare est celle qui est correcte, et plus on veut la faire élégante, plus on s'éloigne du texte. Quoiqu'il en soit, M. Renan est moins affirmatif que M. Oppert; celui-ci est tranchant; et, s'il ne bataille pas avec ses collègues, — car ils sont sur le pied d'une tolérance mutuelle, — il agit autrement envers le candidat assez téméraire pour traduire l'assyrien; le considérant comme un rival dangereux, il lui met des bâtons dans les roues : tel est le cas de M. Joseph Halévy, devenu la bête noire de M. Oppert. Celui-là est un professeur érudit, travailleur persévérant, qui, dans ses explorations en Orient, a acquis la science de lire les inscriptions des monuments en ruine d'une civilisation éteinte. En dépit des procédés à son égard de M. Oppert, il entrera peut-être un jour à l'Institut. M. Halévy ne me connaît point et je ne le connais que par la publicité de ses travaux; mais, je n'ai pas oublié qu'à la séance du 9 décembre 1887, dans une communication de M. Oppert à l'Académie, touchant l'identification du roi Amraphel (ch. XIV de la Genèse), avec Hammurabi, et que M. Halévy avait assimilé à Kinitu-Rapastu. Cette identification ôtait le sommeil à M. Oppert : c'est pourquoi, le 9 décembre 1887, celui-ci, d'un ton rageur et doctoral, déclara à ses collègues, qu'il n'admettait point l'assimilation de ces personnages, que M. Halévy confondait pour les besoins de sa cause; et pour preuve, dit-il, c'est que Amraphel est un nom *sumérien*, qu'Hammurabi est *élamite*, tandis que Kinitu-Rapastu est *assyrien*. Mais nous ne voyons pas que celà détruise l'assimilation de M. Halévy. M. Oppert conclut qu'il est *dan-*

gereux de baser l'*étymologie historique sur deux langues différentes*. A notre tour de nous mettre en travers de cette doctrine du savant de l'Institut ; car il nous donne l'occasion de lui prouver que le *danger* de baser l'étymologie historique sur deux langues différentes *lui est personnel*. En effet, ce savant possède mon ouvrage qui a pour titre « Découverte de la langue primitive ». Or, nous y avons mis en regard tous les noms hébreux de la Genèse, depuis Adam jusqu'à Joseph, et les mêmes noms reproduits en kichua ; nous avons démontré clairement que, jusqu'à ce jour, les commentateurs de la Bible et autres hébraïsants, avaient fait une interprétation fausse des noms hébreux et que la langue kichua *seule* en contient les *étymologies historiques* et *leur valeur historique*. Dans cet ouvrage, p. 22, n'avons nous pas répété, ce que nous avions déjà publié, il y a plus de vingt ans, que les Assyriens et les Perses avaient dans leurs monuments des figures d'êtres fabuleux, parmi lesquels se voit le génie Simorganca ou Simorcanca, dont le nom est formé, des trois mots Kichuas, *simi* voix ou figure, *orco* montagne, *anca*, aigle? « La voix de l'aigle de la montagne. » Ce génie, sous la figure d'un aigle, parlait aux hommes. N'avons-nous pas fait imprimer que *Aua* (Ève), en hébreu signifie « la vivante », que cette traduction des hébraïsants est absurde, puisque tous les animaux sont vivants, tandis qu'en kichua, *aua* veut dire « la jumelle » : ce qui est la vérité historique? Cette jumelle d'Adam reçut de lui le nom de *Aïcha* (texte hébreu) ; or, les hébraïsants ont traduit *Aïcha* par « femme » ; tandis qu'en kichua, Aïcha signifie « chair, viande »; car Adam dit : « c'est la chair de ma chair, elle s'appellera *Aïcha*, chair » ; ma chair est *Aichaï*. Caïn, en hébreu, est « la lance »; tandis que le kichua *ca-hina* est « l'assassin ». Je le répète, tous les noms de la Genèse n'ont leur valeur étymologique et historique que dans la langue kichua, parlée dans les États de l'Amérique du Sud ; et, c'est elle, qui aurait conservé les premières et véritables traditions de la Genèse. Que M. Oppert, qui est hébraïsant et assyriologue, ne vienne donc plus soutenir qu'il y a danger de bâser l'étymologie historique sur deux langues différentes.

Que ma découverte déconcerte les philologues de l'Institut de France, particulièrement Messieurs Oppert, Bréal et Renan, je m'en rejouis, et s'ils sont humiliés dans leur savoir, tant mieux ! S'ils ont voulu mettre sous le boisseau mes œuvres et moi, ils en seront pour leur honte, et c'est moi aujourd'hui qui deviens, par leur faute, leur justicier : en sorte que leur calcul tourne contre eux. Jusqu'à ce jour, je suis resté silencieux et n'ai pas même fait parade de ma découverte dans les journaux ; mais, mes œuvres font déjà le tour du Monde et la postérité les jugera. En attendant, la loyauté exige que les professeurs d'hébreu et d'histoire biblique du Collège de France de la Sorbonne et des Grands-Séminaires, rectifient dans leur enseignement les traductions des noms de la Genèse, et qu'ils reconnaissent, de bonne foi, que ma découverte est de la plus haute importance pour l'histoire.

Maintenant, parlons du prix Volney :

Dans le courant de l'année 1886, je fis imprimer trois de mes œuvres, savoir : ma « Découverte de la langue primitive, » vivante encore en Amérique, ma « Grammaire » et mon « Dictionnaire français-kichua ». Je n'avais, en principe, aucun goût pour mettre mes livres au concours du prix Volney ; car, je savais que M. Renan était anti-américaniste et le membre prépondérant de la Commission qui déciderait de ce prix ; qu'en outre, il était, pour l'année 1887, Directeur de l'Académie. J'avais donc toutes les chances contre moi. Ayant lu dans un des ouvrages de M. Brasseur de Bourbourg les hécatombes de plusieurs américanistes faites injustement et volontairement par l'Institut, j'en fis part à un de mes amis, qui insista pour que je présentasse mes œuvres au concours du prix qui devait être décerné en 1887 et, pour celà, selon le règlement, il fallait que le dépôt de mes livres fut effectué avant la fin de 1886. En raison de cette disposition, le 17 décembre j'écrivis à M. Wallon, secrétaire perpétuel de l'Académie des Inscriptions et Belles-Lettres, la lettre suivante, que je lui remis moi-même à l'Institut de France, 25, Quai Conti :

Monsieur le Secrétaire perpétuel,

« J'ai l'honneur de faire au Secrétariat de l'illustre Académie des Inscriptions et Belles-Lettres le dépôt de trois exemplaires d'un volume contenant ma Grammaire et mon Dictionnaire Français-Kichua, dont l'impression a été terminée hier seulement. En vous les adressant, Monsieur, je demande que mon livre, œuvre de linguistique, fruit de plusieurs années d'études et d'habitation dans l'Amérique du Sud, soit mis au concours pour le prix Volney, qui sera décerné en 1887. »

« J'ai déjà eu l'honneur, Monsieur, dans le courant de l'année, de faire à votre Secrétariat le dépôt d'un autre ouvrage intitulé « Découverte de la langue primitive » et qui démontre l'importance de la langue kichua. La publication de la Grammaire et du Dictionnaire que j'ai l'honneur de vous remettre, a donc pour but de faciliter les recherches de Messieurs les Savants. »

J'ai l'honneur d'être, etc.

M. Wallon, ayant reçu de mes mains mes livres, me dit qu'il allait à l'instant même les inscrire et en faire le dépôt règlementaire. On voit, que par modestie, j'avais évité de les faire annoncer en séance publique, par le Président du Bureau des Inscriptions et Belles-Lettres. Volney, qui s'était rendu célèbre par ses explorations en Orient, fit dans son testament, un legs à l'Institut et dont la rente servirait à un prix annuel, en faveur de celui qui publierait une Grammaire ou un Dictionnaire d'une langue étrangère et, je crois même qu'il y a dans son testament, une disposition particulière pour la découverte de la langue primitive :ceci m'a été dit mais sans certitude, et la vérité ne pourra être connue que lorsque les clauses dudit testament seront publiées, afin qu'il ne soit plus violé de la façon scandaleuse que je vais dénoncer à mes lecteurs.

Quelques jours après avoir opéré mon dépôt, j'appris que c'était une Commission nommée *à vie*, qui décidait du choix du candidat; or, j'avais, disait-on, un concurrent inscrit; mais je ne parvins pas à savoir son nom : existait-il ou non? ce fut un mystère impénétrable. J'obtins sans peine la liste des sept membres de la Commission à vie. Il faut que le lecteur sache, que *pour chaque prix*, l'on nomme et renouvelle *chaque année* les commissions chargées d'examiner les œuvres et les titres des candidats; mais qu'il est fait exception pour le prix Volney : ce qui est une injustice flagrante; parce que la commission *à vie* abuse de son monopole, que son arbitrage est partial et qu'il dispose du legs, selon son bon plaisir. Je compris alors que j'étais dans un véritable trébuchet. Je ne me faisais aucune illusion sur le sort qui m'était réservé. Cependant, pour en avoir le cœur net, je me rendis chez M. Camille Doucet, secrétaire perpétuel de l'Académie Française dont trois membres étaient de la dite commission. L'ayant interrogé sur la façon dont les décisions étaient prises, M. Doucet me répondit avec beaucoup d'esprit : « Depuis vingt-cinq ans que je suis Secrétaire perpétuel de l'Académie, je n'ai jamais su comment se donne le prix Volney. » Cette réponse significative me dévoilait que j'avais à faire à une coterie de gens sans conscience, agissant dans l'ombre et d'une façon inavouable. Cette coterie à vie est formée de trois membres de l'Académie française, de trois membres des Inscriptions et Belles-Lettres et d'un seul membre représentant l'Académie des sciences. M. Renan est à la fois membre de l'Académie française et de celle des Inscriptions; il était, pour l'année 1887, Directeur de l'Académie; en outre, ce néo-Juif préside le Comité phénicien; il est administrateur du Collège de France; il y est professeur d'hébreu et d'histoire biblique; or, ma découverte de la langue primitive, qui est encore vivante en Amérique, étant un coup porté à son enseignement, il est facile de deviner qu'en lui je trouverais un adversaire dans la question du prix Volney ; d'ailleurs j'étais américaniste, et la seule fois de ma vie que je fus en contact avec M. Renan, c'était dans le salon des bustes de l'Académie ; et lui, faisant allusion aux inscriptions découvertes en Amérique, il s'écria : « Tous les américains sont des menteurs et des falsificateurs ! » D'autres académiciens, qui n'étaient point de la commission, me dirent : « faites des démarches ». Mais je n'étais pas homme à perdre mon temps à intriguer où à faire des bassesses ; mon caractère droit, franc et loyal repousse toute platitude ; je laissai donc les choses aller leur train ; et si je devais avoir quelque regret, ce serait d'avoir donné mes livres à plusieurs de ces babouins, semblables à ceux de « *L'Immortel* » que j'avais pris pour des hommes. J'aurais mieux fait de me conformer au conseil, trop tardif, de M. Picheral de l'*Immortel* : « Ne leur portez pas vos livres : moins on a d'œuvres plus on a de titres. »

Une coterie académique est assurément dangereuse pour la justice, pour la science et fait obstacle à son progrès ; elle perd, en même temps, le bon renom de cette société savante et l'avilit.

Maintenant, faisons connaître le personnel de cette commission à vie : nous en classons les membres dans l'ordre suivant :

LES JUDAS.

MM. Michel Bréal, — Ernest Renan, — Gaston Paris,
des Inscriptions et Belles-Lettres.

LES PILATES.

MM. Xavier Marmier, — Gaston Boissier, — Mezières,
de l'Académie française.

LE PHARISIEN.

M. Berthelot, docteur-chimiste, représentant *seul* l'Académie
des Sciences.

L'épithète de pharisien trouve ici son application, puisque

l'hébreu *pharous* (pharisien) signifie séparé, isolé, *seul*. Mais disons que les membres de cette coterie à vie, sont tous scribes et *rabbi* (docteurs).

ENTRE JUDAS :

Scène 1re.

Renan. — Chers collègues, je vous ai fait convoquer, pour que nous prenions une décision au sujet du prix Volney. M. Bréal sait quelles sont mes intentions.

Michel Bréal. — Votre choix est le mien.

G. Pâris. — Je ne saurais être d'un avis contraire, mais j'ignore...

Renan. — Nous avons intérêt à être d'accord : notre union est nécessaire en présence des représentants de l'Académie française : gagnons leur volonté, en ayant l'air de les consulter : celà les flattera ; d'ailleurs ils connaissent leur incompétence en philologie et en font autant de cas que d'un noyau de cerise.

G. Pâris. — Cette image a son prix ! elle est d'un académicien !...

M. Bréal. — J'ai les œuvres de M. Onffroy de Thoron ; mais j'ai aussi une brochure très remarquable du célèbre Ascoli. Qui ne connait pas Ascoli ?

G. Pâris. — Je connais çela, Ascoli ? substantif hébreu, qui signifie « grappe » et en arabe « *palme* ; » Ascoli est un nom prédestiné ! (goguenardant) mais, en hébreu, on le prononce *ashcoli*, en chuintant à la façon des Auvergnats (rire).

Renan. — C'est la vérité.

M. Bréal. — Sa brochure est remarquable et lui assure la victoire.

Renan. — Bravos ! bravos ! rallions-nous donc à son auteur. Je ne disconviens pas que les œuvres de M. Onffroy ont de la valeur ; mais sa découverte si étrange de la *Langue primitive en Amérique*, n'est pas d'accord avec mon enseignement et elle me mettrait vis-à-vis de lui à l'état d'infériorité.

G. Pâris. — C'est ce que doit éviter tout académicien, tout *rabbi.*

Bréal. — Moi, je n'attache aucune importance à la découverte de M. Onffroy, qui est américaniste.

G. Pâris. — Cependant, si l'ou respecte le testament de Volney, le prix est acquis à notre compatriote, pour sa grammaire et son dictionnaire de la langue kichua.

Renan. — C'est vrai ; mais ce dictionnaire est celui de la langue primitive : dès que nous écartons la brochure, qui constate sa découverte, il faut aussi écarter les œuvres qui s'y rattachent.

Bréal. — C'est logique. Je propose d'agir comme si M. Onffroy ne se présentait pas au concours : ignorons-le.

Renan. — C'est un expédient habile.

G. Pâris. — Je vois bien l'escamotage. mais je ne sais rien de la brochure du sieur Ascoli.

M. Bréal. — Elle est en langue italienne et le latin n'y manque pas ; son titre est *Due lettere glottologiche;* elle a été imprimée à Milan et elle se compose d'une lettre *réédîtée,* adressée de Milan, par ledit Ascoli, le 6 septembre 1879 — (il y a donc huit ans) — à M. Napoléon Caix ; elle a été rééditée en 1881, sous le titre de *Lettera Glottologica.* La deuxième lettre fut aussi adressée de Milan au professeur Pietro Merlo. Elles sont suivies d'un postcriptum contenant quelques mots de la langue provençale ; enfin, les deux lettres en question reproduisent plusieurs mots de l'ancienne langue des italiens (1). Vous voyez que c'est très fort ! c'est un bijou littéraire, un trésor scientifique, qui fait honneur au corps enseignant autant qu'au célèbre professeur de Milan.

G. Pâris. — Oui, c'est très fort ; j'en suis tout surpris !

(1) Aucun autre ouvrage que cette brochure de M. Ascoli n'est inscrit sur les catalogues de la bibliothèque de l'Institut.

(à part), c'est humiliant. — Votre conclusion, M. Bréal ?

Bréal. — Ascoli *for ever* !

G. Pâris. — *Fort* en français, *for* en anglais ; (goguenardant) je fais un *effort* en faveur d'Ashcoli (bruit en dessous et geste dédaigneux).

Renan et Bréal (applaudissant). — Bravos ! bravos !

Scène deuxième.

Les mêmes. — Berthelot (étonné).

Berthelot. — Qu'est-ce donc ?

Renan. — Mon cher collêgue, nous acclamions le célèbre Ascoli, pour le prix Volney.

Berthelot. — Connais pas.

Bréal. — Si fait, si fait, mais si... ce grand professeur de Milan, qui, qui...

Berthelot. — Au sujet du prix, dans les cartons du Secrétariat, je viens de voir le nom de M. Onffroy de Thoron, concurrent sérieux dudit Ascoli. M. Onffroy est un grand voyageur, qui nous est connu depuis longtemps : vous lui préférez un Juif italien, comme les Juifs préférèrent Barrabas à Jésus. Ignorez-vous la série des découvertes scientifiques et historiques de M. Onffroy de Thoron ? Én 1861, l'Académie des sciences, dont je suis membre, s'occupa de sa découverte des poissons chanteurs; puis de sa seconde découverte d'un immense chiroterium vivant. sorte de grenouille d'une dimension prodigieuse, qu'il vit sur le littoral de l'Equateur dans le grand Océan : jusqu'ici, cette espèce que l'on trouve parmi les fossiles, nous l'avions considérée comme perdue. Les détails fournis par cet explorateur étaient fort intéressants ; il les a reproduits dans un volume qu'il publia en 1866, sous le titre « d'Amérique équatoriale » et dans lequel il procéda, avec quelque raison, à l'éreintement du savant M. Flourens. M. Onffroy est le même qui, en 1840, fut proclamé Emir du Liban, en combattant pour la délivrance des Maronites : c'est donc quelqu'un que ce Monsieur. Depuis lors, il a publié sa découverte des « Voyages triennaux des flottes de Salomon et d'Hiram au fleuve des Amazones ; il y a retrouvé les lieux célèbres d'Ophir, de Tarshish et de Parvaïm ; sa quatrième découverte est celle de la « Langue primitive », qu'il justifie avec des preuves irréfutables ; et M. Onffroy, ayant publié une grammaire et un dictionnaire de la langue kichua, nous initie à l'étude de cette langue, parlée dans l'Amérique du Sud et qui est *cette même langue primitive encore vivante;* ce fait extraordinaire, ne mérite-t-il pas l'attention des historiens et des philologues ? Terminons en disant, que ce savant explorateur du Nouveau monde, dont il est historiographe, va faire imprimer sa cinquième et importante découverte « Les Phéniciens à l'île d'Haïti et sur le continent américain. » Enfin, de son dernier séjour dans la Haute-Amazone, il a rapporté des insectes curieux et des coquillages terrestres d'espèces inconnues. Il me semble que M. Onffroy de Thoron a, par l'ensemble de ses travaux, bien mérité la reconnaissance de l'Académie.

Bréal. — Alors, que ne se présente-t-il pas, pour un prix de l'Académie des sciences ? quant à nous, nous ne voyons en lui que le philologue.

Renan. — Ce que vous nous apprenez sur la présence des Phéniciens à l'île d'Haïti : c'est raide ! mais ce livre annoncé, n'ayant pas encore paru, nous n'avons pas à nous en occuper maintenant. Le doute est permis.

G. Pâris. — Dame ! M. Onffroy est peut-être dans le vrai. Il suit une piste.

Berthelot. — Mon rôle est fini : j'ai plaidé pour la justice et je désire, M. Renan, que votre religion soit mieux éclairée : adieu ! (il sort).

G. Pâris. — C'est un lâcheur ! Mais il s'en va avec arme et bagage, eh ! ma foi...

Bréal. — Nous avons le champ libre : c'est ce que nous pouvions désirer.

Renan. — Il s'agit maintenant de faire connaîtrc notre décision à nos trois collègues de l'Académie française ; la chose est délicate ; mais, avec un peu de diplomatie, je pense que nous l'emporterons ; en gens bien élevés ils nous céderont : c'est d'ailleurs chez eux une habitude invétérée (rire). M. Pingard, le secrétaire principal de l'Institut, serait l'homme de la situation : sa mission serait de faire pressentir notre décision ; il est diplomate, souple et habile, il sait son monde et il est très écouté : déléguons-le.

G. Pâris. — Vous oubliez donc la docilité de M. Wallon, notre secrétaire perpétuel, bon figurant et d'origine exotique... (la porte s'ouvre : grande stupéfaction !)

Scène troisième.

Les précédents. — MM. MARMIER, MÉZIÈRES, GASTON BOISSIER.

Xavier Marmier (rouge comme un coquelicot). — Veuillez nous excuser de n'avoir pas obéi plus tôt à votre convocation ; mes deux collègues ont dû me chercher chez moi ; car, étant toujours indisposé, il m'a fallu prendre certaine précaution qu'exige mon état : de là vient notre retard.

G. Pâris (facétieux). — Vous êtes pâle, cher collègue : votre fatigue est visible.

X. Marmier (de plus en plus rouge). — Je suis toujours comme ça.

Renan. — Je vous plains, mon cher collègue ; mais j'admire votre courage.

Bréal. — Vous avez bien du mérite à venir ici.

G. Boissier. — Mézières et moi nous le soutenions.

Renan. — Abordons la question. Nous, les trois membres des Inscriptions, nous avons examiné les titres de M. Onffroy de Thoron et ceux de M. Ascoli, professeur célèbre de l'Université de Milan.

X. Marmier. — Nous ne connaissons que les travaux de

M. Onffroy, qui nous ont paru très recommandables ; ceux du sieur Ascoli ne nous ont point été soumis, sans doute en raison de notre incompétence en philologie.

Bréal. — Précisément, les études philologiques étant notre spécialité, nous avons pensé que vous vous en rapporteriez à notre jugement. Quant à moi, je n'ai pas hésité à donner la préférence à M. Ascoli.

G. Pâris. — Pouvais-je être d'un avis contraire? un contre deux?...

Renan. — Fort de l'opinion de nos collègues, je suis tombé d'accord avec eux pour décerner le prix Volney au célèbre Ascoli, pour sa brochure *Due lettere.* Nous espérons que Messieurs de l'Académie française, toujours bienveillants envers nous, nous donneront cette fois encore une preuve de leur estime, en se confiant au jugement que nous portons sur les œuvres des deux concurrents et sur le choix de notre préféré.

Mezières. -- Vous êtes assurément plus compétents que nous.

G. Boissier. — Ce n'est pas à nous d'apprécier.

X. Marmier. — Je dois vous faire remarquer que vous décernez le prix Volney à un Juif étranger, à un italien résidant à Milan. Je ne sais si celà ne dépasse pas votre droit.

Bréal. — Nous avons *des précédents* qui l'établissent.

Renan. — Permettez, cher collègue, déjà ce prix a été donné à des Juifs allemands et, vous même, vous avez participé à nos votes.

X. Marmier. — J'ai l'âme navrée de l'échec de notre compatriote; mais en pareille affaire vous êtes tout ; Messieurs Mézières, Gaston Boissier et moi, nous vous laissons toute liberté ; mais aussi la responsabilité.

Bréal. — Nous la prenons sans trouble.

(Les trois Pilates ensemble) :

« Je m'en lave les mains. »

G. Pâris (à X. Marmier de plus en plus rouge). — Vous êtes affreusement pâle, mon cher collègue! Votre faiblesse est visible.

X. Marnier. — Je suis toujours comme ça : ne vous l'ai je déjà dit?

Renan. — Nous allons vous reconduire jusqu'à votre voiture...

Bréal. — Que de prévenances ne vous devons-nous pas? bien des remerciements !

Reprise de la séance.

G. Pâris. — La victoire est complète, grâce à la faiblesse de Marmier, à l'effacement des autres.

Bréal (vers Renan). — Nous autres, nous avons accompli notre devoir envers un coréligionnaire : (gaiement) Enfoncé le *goï!* (1) Ascoli emporte le prix !

G. Pâris (facétieux). — Un juif emporte toujours quelque chose.

Renan. — Soyons sérieux. Il faut songer à notre attitude vis-à-vis des Académies réunies et des tribunes qui seront bondées d'auditeurs. Songez que cette année je suis Directeur de l'Académie et, qu'en cette qualité, je dois faire et lire le discours d'usage à la séance publique annuelle. Si dans ce discours nous nommions les candidats au prix Volney, le public, sachant notre préférence pour un étranger, serait mis en éveil : la chose serait d'autant plus délicate, qu'en ce moment la France et l'Italie se regardent de travers. Il y a donc des raisons pour ne faire aucun rapprochement des œuvres des candidats ; de ne faire aucun rapport, aucune appréciation, aucune mention honorable ; par ce moyen prudent et évitant toute comparaison, le public ignorera que M. Onffroy de Thoron s'est présenté au concours. Nous l'allons donc mettre tout bonnement sous le

(1) Goï est un terme par lequel les Juifs désignent le chrétien.

boisseau, lui et ses livres. Autrement, quel *tolle* général pourrait s'élever contre nous ! En somme, à la séance annuelle, on glissera légèrement sur le nom d'Ascoli, sans parler de ses œuvres et de ses mérites personnels.

Bréal. — C'est prudent et c'est parfait !

G. Pâris. — C'est encore un coup réussi !

Renan. — C'est entendu. La séance est levée.

G. Pâris (facétieux). — C'est avec raison que Laniboire a dit : « Tous les corps constitués sont lâches. »

LE SEIGNEUR.

« Votre demeure, ô Jérémie, est au milieu de gens remplis de fourberie ! » — « Ils ont instruit leurs langues à débiter le mensonge et ils se sont étudiés à faire des injustices ! »

« Que voyez-vous, Jérémie ? »

« Seigneur, je vois une verge qui veille. »

Dans le livre du prophète, c'est la menace du châtiment ; et, semblable à Némésis de la mythologie, qui châtie la méchanceté et tous ceux qui abusent des dons de la Fortune, cette verge qui veille, doit s'abattre sur l'échine de quiconque mérite la correction, pour sa déloyauté, son injustice, ses fraudes, sa fourberie, sa lâcheté et tous ses agissements vils, honteux et occultes.

Que la verge qui veille, venge, ô Volney, ta mémoire et ton patriotisme ardent ! Qu'elle frappe l'injuste, le lâche, le fourbe, le cynique et l'apostat ! Ton legs destiné à encourager les œuvres de tes concitoyens, est tombé dans des mains viles, qui le livrent à des Juifs étrangers. Aujourd'hui, l'honneur même est l'objet d'un trafic ignoble. L'honnête homme est en bas et l'indigne au sommet. Qui aurait dit qu'un jour, le Grand Chancelier de la Légion-d'Honneur souffrirait à ses côtés, sans le jeter de l'estrade, un Conseiller souillé d'apostasie, ce qui est le plus grand crime contre l'honneur même ? Mais les Juifs-maçons l'y ont poussé, l'y ont rivé comme au piloris ; il y reste impassible et cynique, étalant *les crachats*, qui couvrent sa poitrine, devant des mystificateurs qu'il prend pour ses admirateurs. C'est l'apothéose de l'avilissement, la parade du soldat dégradé, devant lequel défile le monde moderne, sceptique et indifférent, image du chaos où sont confondus et le bien et le mal !

Tout apostat néo-juif ne se fait-il pas le complice des Juifs de race? Comme ceux-ci, il nie la Divinité du Christ, du Sauveur du genre humain, dont la doctrine a donné la liberté au Monde et proclamé la fraternité. Ensemble ils foulent aux pieds les croix; mais ils veulent en être décorés et, comme les *rabbi*, ils prétendent qu'on les salue dans les places publiques. Ensemble ils travaillent à leur domination sur la société chrétienne; pour obtenir ce résultat, soutenus par des capitaux et les loges maçoniques, ils démoralisent, corrompent, mentent et agissent avec impudence; ils se moquent de la Justice et se croient au-dessus de toute atteinte. C'est au dépens des chrétiens qu'ils ruinent, que les uns vivent dans l'opulence ; tandis que les autres ambitionnent des fonctions, où ils se taillent une douce existence. Qu'avons-nous vu et entendu à l'Académie française, en février 1889, à la séance de réception de M. Claretie? Que M. Renan est satisfait et radieux : c'est lui qui, dans son discours, se vante de n'avoir connu que des jours heureux ; et c'est en face des désastres de la Patrie, de sa ruine financière et des grandes souffrances des populations, qu'il assure que nous vivons dans le siècle le plus heureux. Sans doute, sa vie si douce serait empoisonnée, s'il ne fermait pas un œil indifférent sur les maux des autres : il est ce que Victor Hugo, dans « Les Misérables, » nomme *un radieux ténébreux*. Cet égoïste et cynique jouisseur, n'a-t-il pas dit à l'Académie : « Ces fauteuils, après tout, sont commodes pour attendre patiemment la mort ; la vie y est assez douce. Jouissons du reste qui nous est accordé ! » Un cochon vautré dans sa souille, n'a pas d'autre pensée : il s'y trouve heureux et n'aime pas qu'on l'en dérange.

Tel est l'esprit philosophique de cet académicien dont la prétendue philosophie n'est qu'une mixture épicurienne et rablaisienne. A la *race de vipères* une alliance anti-juive s'impose.

La violation du testament de Volney est manifeste ; il ne fonda point un prix destiné à des étrangers ; un français, concurrent de ceux-ci, doit leur être préféré, surtout lorsqu'il a produit plusieurs ouvrages qui sont dans les conditions exigées pour avoir droit au prix. En mettant sa confiance dans l'Institut de France, Volney croyait que ce corps constitué n'aurait eu dans son sein que des hommes honnêtes, incapables de lâcheté, d'injustice et de fourberie. Dans le dialogue qui précède on a vu le contraire : la trahison cynique des uns, la complicité des autres par leur lâcheté. N'était-ce pas leur parti pris d'écarter des découvertes historiques qu'ils étaient et qu'ils sont incapables de faire et qui les offusquent ? Aussi, plutôt que d'encourager les travaux ardus d'un de leur compatriote, c'est à un Juif étranger qu'ils ont sournoisement adjugé le prix Volney. M. Drumont l'a bien dit : « Les féodaux juifs guettent tout convoi qui passe à l'horizon *portant des idées ou des découvertes :* ils lui barrent la route. » C'est ce qui sera peut-être mis en pratique par le juif Oppert, qui fait partie d'une nouvelle Commission nommée pour décerner le prix Loubat, dont la donation récente et généreuse est destinée à une récompense annuelle en faveur de l'auteur qui présentera le meilleur ouvrage historique et épigraphique sur l'Amérique. Or, comme dans la Commission du prix Volney où le Juif est prépondérant, il apparaît aussi dans la Commission du prix Loubat ; dès lors, il est certain que, pour ce prix, entre deux concurrents, l'un chrétien et l'autre israélite, celui-ci sera le préféré. Je ne me présenterai donc point à aucun de ces deux concours ; il suffit que sois chrétien et un humble historiographe de l'Amérique, pour que je sois écarté par un Juif suffisant, qui á montré son manque de savoir, en traduisant l'inscription américaine de Grave Creek. C'est un juge incompétent en philologie hébraïque ou phénicienne et surtout en épigraphie américaine. Il est regrettable que M. Loubat n'ait point fait sa donation à l'importante Société de Géographie de Paris, qui encourage et met en lumière les découvertes des explorateurs et leurs écrits sur l'Amérique.

ÉPILOGUE.

L'argent du prix Volney fut envoyé au sieur Ascoli, professeur à Milan. Mais, ô Justice ! ô Merveille ! Dans la dextre d'Ascoli était la verge vengeresse de Jérémie. Ce Juif, plus digne et plus consciencieux que nos académiciens de la Commission *à vie*, flairant quelque injustice, leur renvoya l'argent. Quel soufflet ! quelle leçon ! quel mépris du juif italien pour la platitude de messieurs Bréal et Renan ! Un Juif désintéressé est le *rara avis* de la tribu d'Israël ; et l'action de M. Ascoli suffit à sa célébrité. Le rejet de l'argent par le célèbre Ascoli, rappelle Judas, qui, ayant reçu trente pièces d'argent, rendit cette somme, en la jetant dans le temple ; mais les princes des prêtres dirent : « Nous ne pouvons mettre cet argent dans le trésor. » A l'Institut on est moins scrupuleux, et nous pouvons dire avec Jérémie : « Ils ont reçu le prix d'argent, pour celui au profit duquel ils avaient fait le marché *avec les enfants d'Israël.* » Ces messieurs de la Commission à vie ne s'attendaient guère au coup traître du célèbre Ascoli ; et, comme ils ont à mon égard commis un acte de félonie et de lâcheté, j'ai appelé les uns « Les Judas », et les autres « Les Pilates », en livrant leurs agissements au tribunal de l'opinion publique.

Le devoir du Grand-Maître de l'Université n'est-il pas de surveiller les actions des membres de l'Institut, *fonctionnaires et professeurs salariés* du Collège de France ? N'est-ce pas lui qui devrait tenir la verge de Jérémie, pour empêcher les fraudes, réprimer les abus et maintenir la justice au palais de Mazarin ?

Etant un des historiographes de l'Amérique, qui m'est déjà redevable de plusieurs publications, mes études et mes recherches m'ont fait connaître que, dans l'antiquité, le Nouveau-Monde fut exploré et partiellement colonisé par les Phéniciens et les Carthaginois, et qu'il a sa place marquée dans l'histoire ancienne; car, ses traditions parlées ou écrites, ses langues, ses monuments épigraphiques, astronomiques et symboliques, prouvent ses relations antiques avec le Vieux Continent et que toute lumière historique ne vient pas de l'Orient seulement ; mais que l'Occident du Monde apporte aussi son contingent de lumière. *E vespere vera lux!*

TABLE DES MATIÈRES.

—

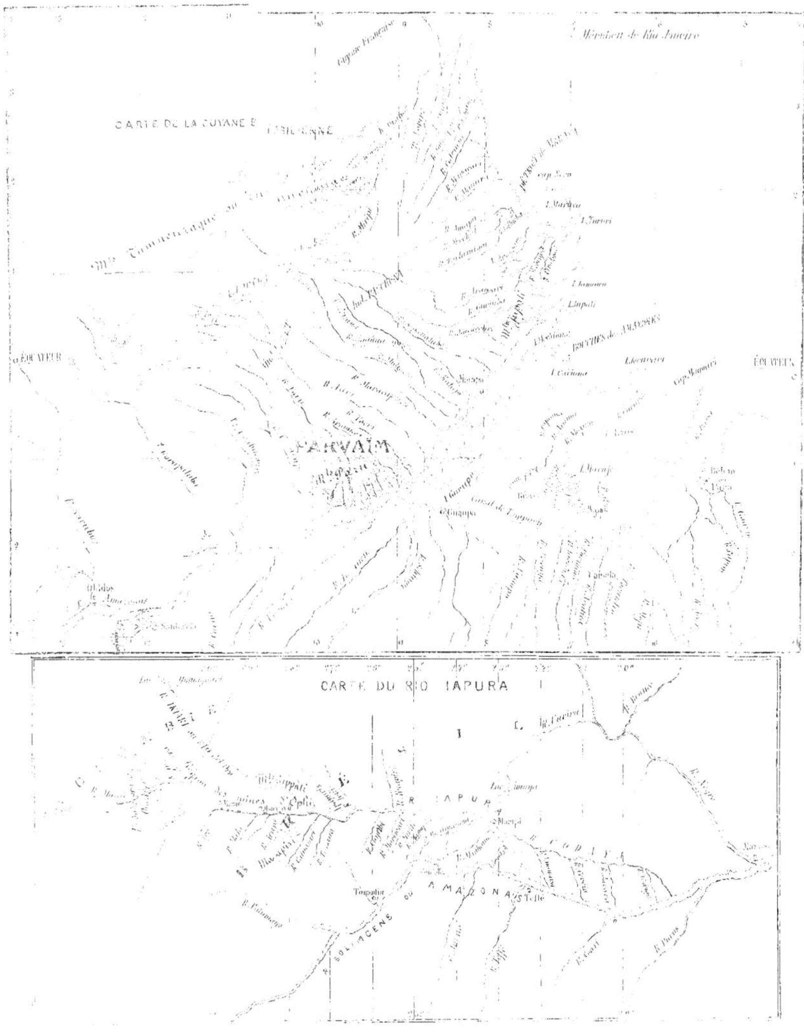
CARTE DE LA GUYANE B SILIENNE
Méridien de Rio Janeiro
ÉQUATEUR
ÉQUATEUR
BOUCHES des AMAZONES
CARTE DU RIO IAPURA
AMAZONAS

www.ingramcontent.com/pod-product-compliance
Ingram Content Group UK Ltd.
Pitfield, Milton Keynes, MK11 3LW, UK
UKHW021100200726
13857UKWH00003B/1036